日日好日。

釋繼程／著

自序

日日吉日處處祥慶
日日正日年年新年
好好念好淨淨心淨
日日空日生生無生
序日日好日

戊戌臘月初十 太平繼程并題

CONTENTS

第二輯——平常心是道

第三輯——圓滿的人生

第一輯

生命的選擇

不平與撫平

在生活中，常常會遇到一些事、一些人，使自己生起了不平的心。這不平的心是因爲覺得這些事、這些人，已經越出了正常的範圍，或造成了對別人的傷害。

受傷害的有時候是一個群體，有時候是很多人，或是三、五個人，或只是一個人。這些人之中多數是他人，偶爾會牽涉到自己，或只與自己有關。

覺得事情不公平，或覺得有人受傷、自己受傷，有時候的感受是很強烈的、有時候是輕微的。輕微的也許很快就會過去，強烈的則常常會停留很長的時間，或至死都抹不去。

但這不平的心，不論輕微或強烈，一旦生起，總得想辦法處理或撫平。這眞是很難的，因爲不平的事、不平的人爲造作，常常是持續性的，而且有的直沖著自己。

但任由不平的心持續下去，對心理會造成更大的傷害，因此還是得想辦法處理的。

很多人會以直接的方法去應對，或強烈地表達不滿和不平的心。如此，往往造成對抗，乃至鬥爭。原本已不平的狀況，可能會更不平。也有很多人會採取妥協的方式，接受不平的現實，讓事情在表面上獲得處理。但若心理仍然不平、強忍著，長期下來，會造成心理的不平衡。

要能適度的表達不平，又不造成對抗，或適度的妥協，又不會心理不平衡，的確是很不容易的。

但事情也不會總是在兩個極端去來。每個人都會用自己的智慧，以自己的方式，求得一撫平之法。

只是撫平的是表相，或者眞正入於深心；撫平後仍有後遺症，還是不受後有，這都得看個人的修養了。

人不得不面對不平。畢竟這是一個由許多不平的人，組成的世間。你我生存於其間，也是其中的一份子，就得面對或涉入。況且你我常常還是製造不平，或促成不平的一份子。

不平的相引動了不平的心，而一切相基本上又是不平的。那不平的心總是隨著不平的相而動，如何才能撫平呢？

只有眞正從內心去撫平、去轉化，才能根本處理。心若見一切不平而知爲必然現象，包括了當自己也不平時，同樣的會造成不平，那就得接受這個事實。

如果只從表相接受事實，心仍是不平的。必須見出不平的心是受牽動的，而心本身未必是不平的。當然眞正見到一切的不平皆是相對的，在因緣和合中顯現，故只是一個虛幻的相。若是眞實的，就永遠不會改變。但一切相，都在改變中。

而從因果運作中，不平必會平，因爲因果是平等的。製造不平的人必會面對不平的後果。不論是有形無形的，不論是可見不可見的，付出多少得回報多少，占有多少也一樣得付出相等的代價。

因此，與其以不平的心去面對而使自己不平，同時又付出代價，何不先平心地，讓因緣、因果運作呢？讓自己可以平心的面對、接受、處理，從深心處去平定、去轉化。

透徹平心了，則一切的不平，不再干擾，也就根治了問題。而此時的心，若遠離了，就不再需要爲世間的不平事、不平心而不平，從此解脫自在了。

但若已平的心，仍然覺得生活在此不平的世間，故需爲此世間奉獻自己的力量，多多撫平不平的事和不平的心，那就會從世間的相去著手。但因心已平，在從事撫平工作時，便能夠在不平的相中，依然平平無事，進出自在，來去自如了。

二〇〇六年十月二十二日・般若岩

他錯與我對

找出別人的錯誤，並不表示自己就是對的；貶低了別人，並不表示自己就比他人高；批評別人不好，並不表示自己就好；否定了別人，也不表示自己就受肯定了。

從表面上，很多人都以爲是如此：他錯我就對，他低我就高，他不好我就好，否定他就是肯定我。

尤其在利害關係出現時，就會有種種這類的作法了。

但事實上並不一定如此。這類情況的可能性或許存在，但存在的比例有多高，有待各方因緣，才能算出。

很多時候，是自己不對，爲了避開他人的指責或指出，就趕快找出其他人的錯誤，以轉換他人注意力來指責他，以爲如此，自己就可以避開被指出錯誤了。

這種做賊喊捉賊的方式，屢見不鮮。

在利害關係之間，有時爲了個人的利益，或因擔心對方的條件比自己好而缺少安全感，就採取了這種貶低對方、或是以直接否定對方的方式，以保護個人的利益，讓自己不受到損失。

但有時候，這種作法只達到一點效果，而無法達到預期的好處。因爲對方若眞具有好的條件，只要一反攻，自己就無從招架了。或對方的條件眞的太好了，去貶低或否定他，反而顯出了自己的弱點，揭露了自己沒有安全感的心虛。可能等不到對方的反應，自己就已經垮了。

很多時候，我們都忘了，其實很多利益是互惠的。尤其是同行，或是在同一類型的事業上，可以互惠互利。一起開拓更大的市場，不是比爲了爭奪小小的市場，而鬥得你死我活好得多嗎？

但短淺的眼光，常使人看不到那麼遠，於是種種的指責、批評、貶低、否定的手段就層出不窮，常常的結果是兩敗俱傷，或己方敗得一塌糊塗。

要如此醒覺，仍然是不容易的。修養問題也！

二〇〇六年十月二十二日・般若岩

立場與角度

在待人處世上，每個人都會有自己的立場與角度，否則就無所適從。此立場和角度的主觀成分，往往較強，但也有人會從較多的客觀條件去設立角度。

這本來就是正常的事。但多數人在設定角度時，因爲摻雜了很多個人的利益於其中，或長期積累的成見，因此不免有所偏差，無法以準確的角度來判斷人與事。

有些人是故意如此，也就是早已設好的角度，本著偏差的心態，來看待人與事。雖已知是偏差的，但基於利益衝突，或個人成見，而故意如此。

但有些人也許是因爲所得到的資訊不夠準確，因此在設定角度時，失去準確的判斷，故而把角度弄偏了。若獲得正確資訊，應該會調整過來。

當然，沒有一個角度會完整的，或完全準確的。因爲個人本身的立場、主觀的看法，都會有失準之處。獲得的客觀資訊，有些反而加大了偏差，除非此等資訊是較準確的。

但這無可厚非，重要的是個人心態要正，不夾雜私人利害恩怨於其中，不刻意歪曲立場與角度。同時希望把人際關係與事情處理得更好。在正確的心態中，一些偏差會慢慢地調整過來，縱使無法做到公正不偏，也不會差得太遠，常常還會有調整的機會。

若以正確的心態，沒有立場的立場，完全不預設什麼角度，只就當時的因緣來觀察、判斷，並做出適當的抉擇，而能眞正地符合公道或中道的角度，那些人的智慧必是高超的，其修養也應當高深。

這只有全然無我，放下一切執著，空去所有的立場，方能有如此高超的智慧、高遠的修養。在日常生活中面對一切時，恰到好處地回應，隨緣而自在地過日子了。

二〇〇六年十月二十三日・怡保

塞滿與留白

同樣大小的兩個容器裡，一個塞滿了棉花，另一個卻只放了幾顆鑽石。任何人都會覺得放了鑽石的容器比較值錢，而且超過很多。

若同樣的兩個容器，都放了鑽石，一個只放幾顆，另一個則塞滿了鑽石，相信絕大多數的人，必會選擇塞滿鑽石的容器，因爲它太值錢了，比另一個值錢多了。

但仔細想一想，塞滿的鑽石，除了賣錢，或與人分享外，自己又能用得了多少？而且當鑽石塞滿時，容器是一點空間都沒有了，再好的鑽石，又能欣賞到嗎？

很多人都認爲時間要排得密密的，日子才會過得充實。但若排滿密密的節目，正如棉花般的，這樣的充實，又如何與只有幾粒，卻有價値的鑽石相比呢？

但如果把時間排得密密的，都像放滿鑽石的容器的話，那應該是非常充實了吧？誠然如此，但也會因此少了空間。這密密的鑽石的美將無法欣賞，價值無從估量，又實際上自己無法眞正地享用，或是在那種塞滿的緊迫中，失去了擁有或充實的樂趣了。

因此善用時間，不表示一定要排得密密的。縱使每段時間所做的都是有分量的大事，不如讓自己有足夠的空間，放寬自己的空間、放鬆自己的身心，在有價值卻依然寬鬆的狀態中，悠游自在。

充實而有意義的活動或節目，只如幾顆美麗而有內涵的鑽石，就已經足夠了。騰著的空間，正好讓自己欣賞，享用這些鑽石的美麗與內涵。

一個眞正懂得生活的人，應該是有足夠的空間給自己的。生命需要空白，或隨時可填上色彩；或只是一片白色，以襯托出其他的色彩；或留下空白使整個畫面清朗、寬敞、舒暢，甚至產生一種無以言喻或空靈的意境，才顯得生命的美。

二〇〇六年十月二十三日・般若岩

棉花與鑽石

如果同樣大小的兩個容器，分別放了棉花與鑽石。棉花不是塞滿的，只有數小團，而鑽石也只是幾顆，兩個容器都留了很大的空間，你會想選棉花還是鑽石呢？

當然就價值而言，選擇鑽石，幾乎是每個人的考慮。因爲其意義與價值，眞的是差很遠了。不只是價錢，還同樣地留了空間。

幾小團的棉花當然不值多少錢，但如果一個人的生活，只需要這幾小團的棉花，就已經足夠了，而且他也已經滿足於此，那又何妨以此來放入容器呢？

或許會覺得這樣會不夠積極，或不夠品味、高尚。但擁有幾顆鑽石，必須付出的代價，與幾小團棉花相比，也就高昂得多了。要讓自己有品味、高尚，就表面而言，當然就得付出這些代價了。

而只有棉花就不能有品味或高尚嗎？物質或有形象的東西，當然可以衡量出一些價值；心靈或無形象的修養，也應該是可以衡量出價值吧？

因此，除了留白，以及生活中所充實的是否有價值外，心靈修養也是一種生命的考慮。修養如學問、哲學、信仰等，如果具有其高層次的境界，在無形的空間中，比起有形的充實，應該也是生命中很重要的成分。

當然，也許放著幾小團棉花的容器，因少了滿足與心靈修養，也沒有多少意義，或眞的是浪費了生命。但如果是眞能體悟了不同的境界，在如此渺小中，卻使自己的生命發揮其意義，也還是有價值的。

人群中有不少小人物，不是過得快樂而自在嗎？有的是應用了一些修行的方法來達到心靈的更高境界。但也有一些，就是那麼單純而無求地安於本身生命的現狀，滿足而自在地生活，也不必標榜什麼。相形之下，這些人更可愛吧！

二〇〇六年十月二十四日・怡保

生命的選擇

不論是在生命的容器中塞得滿滿的，還是留下很大的空間；不論所裝的是棉花，還是鑽石，都可以是生命的選擇。雖然這選擇有著一些不可知或不得已的因素。

這些生命的選擇雖然受到一些因素的牽引，而不是完全自主的，但在做選擇時，還是有一定的主動的。

也許在做出選擇時，主動力並未強過因素的牽引，但終究還是做了。而且在過程中，因素的變化、主動力的改變，也許還是會有不同的機緣的，或者還會做出完全相反的選擇。

因此這都不是重點所在。重要的是做出選擇的過程中，有沒有清楚地認知到這種種的因素與個己。做出選擇後，能不能安於現實或所做的選擇。

當然認知了，也安下來了，也許還是一種消極的態度。含有不得已，或既選之，則安之的心態。

縱使如此，也常常能使生命獲得安頓。但若有機會改變時，還是會改變的。其過程仍需重新認知與安住。

如果是不論什麼狀態所做的選擇，除了認知與安住，還能積極地去滿足，並欣賞和享受選擇，就更能安頓了。當然，有機會也還是可以做出調整與改變，且仍然是在過程中滿足而欣賞及享受。

能如此去安頓自己的生命，沒有負面的心態，不論做什麼選擇，在什麼狀態中選擇，選擇的結果是什麼，都抱持著積極、正面的心態，充分地對自己負責，並享受這些過程與結果，那就再也沒有任何狀況會使自己煩惱了，這一切煩惱引生的因素也都消失無蹤了。

生命若到了如此境界，還能用什麼形容詞來形容，也許任何好的詞句及讚美的字眼，都是多餘的了。

二〇〇六年十月二十四日・般若岩

愛染的輪迴

處境中必會有一些境相，是心所喜愛的。在喜愛的心裡深處，會有深細的染著。

因爲種種的因素，境相會引動心對它的喜愛。多數時候，心都會投向外在的境相，以爲就是這些境相引動心的喜愛。但心之所以會對某些或此等境相引生喜愛，除了境相，必會有心本身的因素。

心的作用是多元、多層次及複雜的。對某一境相生起喜愛，是由於這些作用含有的因素，常常不是一、兩種，而是多方面的，包括了以往的經驗，以及境相對感官及心所產生的刺激等。以往的經驗也是多層的，這是重要的。

而更深層的是心的作用中，常有一種深細的執著或愛染，就是對某些相有著染著，或黏住不捨的作用。

喜愛如果只限於境相，那是容易處理的，因爲只要改換境相就能把喜愛放捨。喜愛若來自心理的作用，如經驗的積累，那就要層層剖析，或許才看得出何等覺受而起喜愛，若能捨下，或許就能放下喜愛了。

但若其源動來自深層的愛染，那就難以拔除。因此深層的染著如大樹盤根般盤據心理，使心理的種種作用受其影響，乃至煩擾惱亂，故難以斷除。

此深層愛染其實就是自我中心的執著。內心深層中的自我意識強烈而深細的運作，使一切作用須依此自我為中心，故而產生深細的執著，也以此為中心。此自我的利益及生存等作用為考慮重點，當喜愛作用源自於此自我中心，當然是根深而難拔除了。

只有從根本解剖自我意識的真相，破除自我中心的錯覺，解體自我中心的執著，才能從根本去滅除此深層喜愛的心，也才是真正解脫喜愛的流轉，不再繼續於此喜愛輪迴中浮沉。

二〇〇六年十月二十五日・怡保

主動與被動

簡單的生活、複雜的生活、平淡的生活、多彩的生活，都有不同的人喜歡，不同的人去度過。

這都是一種選擇，但有的選擇是自主力比較強的，有的選擇則是被動的。能自主去選擇，當然是因具有自主的能力與條件。而能自主選擇的話，應該會對所選擇的生活，感到歡喜或充滿興趣。

相反地，被動者多數會較苦惱。若被動的成分太強，乃至完全失去主動力，被逼著接受的生活，當然是會很痛苦地度過。

這是一般或眾皆認爲必然的情況。但現實中，的確是如此。甚至有些所謂的主動，也含有不少被動的成分，因爲環境、社群、或某種潮流的左右，甚至操控下，做出了選擇。這選擇雖是由自己決定的，卻是在如此多的外在因素中妥協的。故縱使是做出了決定，也未必一定會快樂的。

而一些完全被動的情況，若沒有外在的比較、或社群的大多數都是如此，在觀念上也不認爲是被動的。這樣，說不定也會過得快樂，或自在些。

其實這一切相對的情況，在現實中是正常運作的。能有多少自主力去做選擇，並不一定是快樂的因素。往往在現實中，不論何種情況做了選擇後，能認清一切的因緣，調整自己的心態，用心地面對，接受事實，能使自己生活過得更快樂。

先知有名言：我喚山來，山不來，我就到山那邊去。這是一種智慧，生活的智慧：山不轉路轉，路不轉人轉，人不轉心轉。心能如此活潑地在現實中，回應一切的生活，那心就自在了。

二〇〇六年十月二十六日．般若岩

想做與完成

很多時候，不少人是想做大事的。但多數時候，都只是想而做不到。

那些能做大事的人，不是一朝完成的，而且也不是獨自一人做成的。都需要時間的累積，以及各方的因緣條件，才能做到的。

當然也會有幾個人是主要的帶動者，或領導人。這些人能帶動、領導，也得靠自己努力的奮鬥。

只看到這些大事的成果，只看到成功者的風光，是那些想做大事卻只停在想的階段的人，所以做不到的原因。

如果不能立足於自己當下的因緣條件，依之爲基礎，並邁出第一步，而準備走無數步的話，想終究是想。大事不會在某時某處等著你的。

做出了適合於自己的選擇，面對且接受，努力完成，再繼續地做出更大的選擇，並步步跟上。依著當時的因緣條件，做出能夠完成的目標，以及能朝向的方向，也就準備去完成自己所做的最大的選擇。

若是條件具足，終而完成，也許可以繼續向前，或已滿足於自己的選擇。但不論何等狀態，自己的心都要對這一切明白，並覺知各種因緣。

但未必能如此圓滿地覺知，因而會有無法完成的可能。若不能接受這個事實，仍然是無法跳出或超越，並且在完成與不完成中矛盾掙扎而苦惱。

應知因緣而超出，完成不完成非一己之力，乃因緣條件所成。故不論在什麼情況，都全然接受，也肯承擔，那就不會造成內心的衝擊。

若對因緣理解得透澈，應更能完成，這不一定是大事，而是本身條件與其他因緣所能完成的事。

二○○六年十月二十七日・般若岩

日日是好日

每天早上醒來，心裡的第一個念頭，要祝福自己，祝福自己有一個美麗的早上。在洗臉、刷牙、梳頭時，若有一面鏡子在前面，就給自己一個最美麗、最溫柔、最燦爛的笑容，祝福自己有一個美好的日子。

晚上梳洗時，也同樣給自己一個最美麗、最溫柔、最燦爛的笑容，感恩自己過了一個美好的日子。臨睡前，祝福自己有一個美麗的夢，睡一個美好的覺。

在一整天裡，時時不忘了祝福自己，給自己美麗溫柔燦爛的笑容，讓一整天都充滿了喜悅與美好。

其實，每個人每天都可以過如此美麗的生活的，只是大多數的人都讓自己的煩惱擾亂了自己，讓自己過得不快樂，讓自己過得很苦，只會埋怨自己的不快樂，埋怨老天與外境讓自己過得很苦。

修學佛法便是要點醒我們、點亮我們的心，讓我們知道自己是如何讓生活過得不快樂、讓自己過得很苦。在清楚知道這些現象時，再透入內在的因素，點醒我們不快樂的因緣，點亮我們脫離苦的方法。

我們的不快樂是來自我們的追逐與不能滿足，我們的苦是因爲這些不快樂的因和果形成的輪迴。佛說人生是苦並不是否定人生，而是實觀生命，點出生命的眞實情況，讓我們看清此現象，並找出此現象的問題癥結所在，使我們不會迷惘於假相中追逐，造成內心的不快樂，更因此形成輪迴，流轉在苦與煩惱的惡性循環中。

而更重要的是佛在點醒這一切後，直接告訴我們如何通過正確的知見、正確的行爲與生活、正確的修行方法，逐步地將不快樂和苦的原因消除，而寂滅種種的苦達到究竟的快樂，完成生命的意義與價值。

不快樂是因爲追逐和不知足，並想通過外境的滿足來填補內在的欲望，而欲望無底，外境有限，不論如何填補，都必然是空虛的，而追逐便無休止了，如此的輪迴，當然只有讓心愈陷於苦中，不能自拔。

只有見到心的空虛，乃是心中染著強烈造成的，非外境的追逐所能填補；而心中的染著是因爲對身心世界及外在世界的無知與迷惑，才引生的。明乎此則知其根在無明與迷惑，故若欲除此空虛，需先從此迷惑下手，去眞正明見一切的實相，也即是身心世界與外在世界的眞實相，破除對一切假相迷惑，才能根本地解除無明，而達到解脫。

身心世界與外在世界的實相，即是無常無我，無一永恆的主體、實體，故不得以此爲自我中心，需得隨順因緣的無常無我法則的運行而處理身心與外境，如此方不會產生對身心的染著、對外境的染著。從此無知與迷惑的心理中走出來，不再染著於一切時，身心的苦自然就寂滅了，身心的不快樂自然就不再有，那就是寂滅而究竟快樂。

禪修是通往此究竟快樂的必經道路，通過止心於一處的定，無事不成辦，依此定心通過觀無常無我而證得的智慧，無苦不寂滅，無樂不究竟。

因此當通過禪修而開悟時，便日日是好日，生命的每天都在歡悅的祝福中，度過美好的每個日子。

在尚未完成此禪悟之前，讓我們也每天過著日日是好日的生活，讓我們自己每天都給自己美好的祝福，從早上到晚上，都以美麗溫柔燦爛的笑容來面對自己。當然，同時也將這些美好的祝福，祝福身邊的人，祝福天下的人，將美好而溫柔燦爛的笑容，送給身邊的人，送給天下的人。

日日是好日，生命眞的太美妙，生活眞的太美好，而笑容自然也就美麗了。

二〇〇八年十一月二十六日・般若岩大專靜七

兩粒糖的滿足

小時候，只要領了每天五分錢的零用錢，就會到雜貨店去。每當買了兩粒糖果，剝開了色紙，把糖果含入口裡，那一份甜，就能甜到心裡，就能讓自己樂上老半天了。

如果長大了，快樂也是如此輕易就得到，那這一輩子就會是很快樂的人。因爲這小小的滿足，是不必追求的，是隨手可得的。

這時，如果內心裡又充滿了感恩，那麼快樂就會甜到心裡深處，或由內心深處，甜出來的。那世上還有什麼，不能讓人快樂的？

人在出世時，是赤裸裸的，什麼都沒有帶來，而要走的時候，也什麼都帶不走。因此在整個人生旅途中所擁有的一切，都是等於加送給我們的禮物，還有什麼不滿足的？爲什麼不能以感恩的心來接受呢？

只是奇怪的是，人總是不滿足於這些加送給自己的東西，並且還不斷地追逐。得不到要用盡辦法、手段去取得，乃至掠奪；得到了又怕失去，或怕別人來搶奪；或得到了還不滿意，想得到更多。

原來人心的欲求，是一個無底的洞。不論塡多少東西進去，都無法塡滿，甚至根本看不到這些東西，因爲掉入了無底的洞，不知落在那個角落了。

其實欲望會成爲無底的洞，是因爲心並不知道自己要什麼。若心很清楚知道自己要什麼，就有了底；若心知道自己要的其實並不多，這個底就變得很淺了；若心發覺原來只需簡單的吃和睡，人就能生存，這個底就塡滿了。

因此心的知道，是重要的，是關鍵的。雖然有時候心都知道了，底也有了，但因長期養成的習氣，卻仍然在影響著心的追逐，使心在不覺中，又掉入了追逐的輪迴中。但只要一警覺，追逐的心就會停下來，或至少慢下來，讓心有個歇腳處。

心要明白這一切，有時候是通過外在的訊息，前人或今人的經驗，乃至在體悟中，不斷地提醒，讓心見到了這眞相。而有些心是在追逐過程中，就發覺了追逐的不對勁，因而迴觀返照，看看心自己的欲求與眞正的需求。終於發覺問題或癥結所在，於是放下了追逐。

其實一切的操作，仍需回到心本身來。縱使有外來的訊息，也得用心去接受、去領會、去實行。

希望自己有兩顆糖果，就可以快樂老半天嗎？還是想繼續不斷不停息地追逐，沒完沒了地輪迴？

希望很快就填滿淺淺的洞，還是無休無止都填不滿無底洞？

希望自己的心造給自己是怎樣的一個世界：一個時時滿足，永遠快樂的世界，還是不能滿足，必須永遠追逐的世界？

做個選擇吧！

二〇〇八年十二月十日・怡保般若岩話頭禪十

知足常樂

常聽人說：知足常樂。的確是的。知足的人較容易滿足。滿足就是一種快樂，因滿足了，就沒有需求了，或至少減輕了苦惱。

知足是從內心去修的。內心裡如果總是充實的話，就無需太多的要求、或填補，自然就容易滿足。

只是外在的欲境、誘惑很多，總是引誘著人去追求、去輪迴。許多人在接觸到這些外境後，就忍不住追逐去了。

而外在的境是無法讓自己的心滿足的。一方面是境不斷地在變化，另一方面，其實心也一樣不斷在變化。變化之中必有相忤相逆之點，也必有無法填滿的時候，因此就無法停止追逐的心了。這種無休止地追逐，會不斷地形成迴圈，連貫著過去的經驗、未來的期盼、現在的不滿足與追逐，如此則形成了三世輪迴，流轉不息了。

而被捲入此輪迴流轉中，又會牽動更多的輪迴，並在過程中累積更大的力量，如雪球般滾動時，就會愈滾愈大，愈大愈無法停止。

滾動過程中，許多習氣，或堅固性的慣性作用，也就慢慢地形成。心裡便有了一團團堅固、或凝固的作用在運行，使整個心就被如此團團凝固的習氣占滿，心也就沒有呼吸空間了，容不下其他的東西。爲了滿足或塡滿這些團團習氣的追逐，依此已結成實體的我在行動，爲獲得此我的種種利欲，什麼手段用不出來呢？

因此，當人在追逐欲望時，其實只不過是如此的一個過程，卻把人整得死死的，無法轉身、無法容人、無法滿足、無法停止，人怎麼會不苦呢？

最糟的是，許多人以此爲樂，或認此爲樂。故仍不斷的，甚至刻意特地要如此地追逐，並以此來衡量個人的成敗得失。若再加上一些「正當」的理由，爲民族、爲文化、爲宗教等，那更是理直氣壯，追逐得更「正當」了。

然而這一切其實都是一個虛幻的凝固實體的我在作祟。只是綜合了許多的因緣與理由，也就做得「理所當然」了。如果對此情況無法反省覺醒，就只能繼續不斷地追逐了。

其實知足並不是將此行動滅去，而是能正視內心的眞實相和內心眞實的需要。知道心只不過是由許多功能組合而成，無有實體，而外在的種種境，在不斷流變的過程中，也是如此。身心的生存需求，其實是很簡單的，很容易就滿足了。因此，無謂的追逐是不需要的、是痛苦的、是不能停止的。故而放下一切的追逐，回到身心原始而單純的需要，那就能知足了。

以此心態去進行外在世界的種種民族、文化、宗教的大業，就無有私心私欲在內。一切以顯現爲現實的因緣爲需，而做出適當的回應與運行，那就少欲少惱，個人知足，大業也能隨緣而行了。

看看自己的心，看看自己眞正需要的是什麼！

二〇〇八年十二月十日・怡保般若岩話頭禪十

飢渴

口渴了！肚子餓了！人自然而然就會去找飲料、食物以解渴與塡飽肚子。這算是自然反應吧！除非找不到飲料或食物，人才只好忍渴、忍飢；但若再無法解決時，不想就等死，就必須用種種手段去取得飲食。

對於生理上的飢渴，人會去找飲食，這種生理現象很明顯地顯現在身體的感覺上。但當比較內在的精神飢渴時，人能不能覺察出來，並找到精神糧食來滿足？或當更深的心靈也飢渴時，人能不能有足夠的深層反觀，去看見心靈糧食的需要，並找來滿足？

其實欲望的表露，正好顯示了精神上的飢渴，那是需要去滿足的。而種種邪惡的念頭生起時，也就是心靈飢渴的顯露，也更需要去滿足的。

精神飢渴了，內心就感到空虛，欲求之念就會熾盛，在無法獲得適當的糧食時，就會追逐外境來滿足。但這些外境的滿足，若不是有營養的糧食，那就無法解決問題了，因此就會無休止的追逐。

心靈飢渴了，內心就會不安、恐懼、害怕失去自我的一切，若無法獲得依歸的安全感，就會採取一些手段來保護自己。這往往容易造成對他人的傷害及侵犯。

生理飢渴時，人自然會尋找食物來填飽。但若找到的食物是沒有營養的，人在進食時若無法獲得足夠的營養來滋養生理能量的消耗，可能會愈吃愈多，愈吃愈餓，而使健康出問題，甚至導致死亡。就像一個人在口渴時，若飲用的是海水或鹹水，那他會愈喝愈渴，最後脫水而死。

因此，飲食也是要正確與健康的，如此才對身體有益。可是很多時候，人們取進身體內的是「垃圾食物」，當然就出現了種種健康問題，乃至身體也變形了，卻仍然是陷在飢渴的陷阱中，無法自拔。這其中包括了種種藥物及毒品等的取用，還有種種垃圾零食。

同樣地，精神上的飢渴，若所取用的糧食也是沒有營養，或不健康的，那也會無休止的取用，卻總是無法滿足內心的空虛。因無法知足，自然就縱欲了。但若食用的精神糧食是營養健康的，空虛的感覺就會滿足，知足了自然就不必再對外追逐，自然就少欲了。

心靈上若有了健康、營養的糧食，就不會恐懼不安，自然散發出信心、善意，能與人和諧交往了。但若所取用的心靈糧食也是不健康，沒有營養的，那種恐懼與不安的深層心理，無法獲得安頓，就可能會產生暴力、壓迫等強烈的行為，並以攻擊他人來確保自己的安全不被侵犯。

因此，仍是有宗教、信仰或學說，對人類的心靈而言，是「垃圾食物」，因為對人類心靈不只無法帶來安全感，還製造更多、更深的不安，讓人類因此恐懼而互相猜疑、互相攻擊。

正常的人會找營養健康的食物來保養自己的身體，所以應該更深地去觀察內在的精神、心靈與所需要的糧食，並找到營養與健康的精神糧食與心靈糧食，以保養自己的精神健康與心靈健康。

二〇〇八年十二十三日・怡保般若岩話頭禪十

生理的安頓

饑渴了會找飲食來解渴塡飽，這是人的生理自然反應。其實也是人的一種欲，若得到滿足，就會快樂。

但這也有需要程度的不同。有的人只需飽食便覺得滿足，有的人則要求美食，必須色香味俱全，方能滿足，而有的人則注重食物的營養。

從飲食的角度來看，所謂的食物是指被身體吸收後，要能使人維持生命，或保養健康；若食物被吃進身體，反害人死亡，或因此而健康受損，那就不是「食物」了。

從自然本能的需要，到感官的享受，人在飲食方面也眞的是出盡了「法寶」，也經歷了很長時間的發展，才成爲文化的一部分。

在此過程中，其實人的飲食觀不斷地在改變。早期認爲人類是因爲熟食肉食，才發育了大腦，因而與動物分家。現代又有人提倡回歸生食素食，認爲這才有益於人的身體。到底哪種說法才「科學」，也難以得知了，反正公說公有理，婆說婆有理。人對於自己相信的，或已吃成習慣的，照吃不誤。只要吃得歡喜、吃得開心，或吃得營養、吃得健康，任君選擇！

當然也不是說吃得歡喜與開心，就一定與吃得營養與健康相牴觸。其實兩者並沒有明確的界線，只是有的人認爲好吃的不健康，營養的不美味，才畫地自限，互相對立的。

只是由於飲食觀的不同，或一直在改變，會使一些人趕潮流，也會使一些人無所適從，而有些人索性什麼都不理，喜歡的照吃，管他營養不營養，不喜歡的就不吃，管他健康不健康。

這種種現象，都是偏差，也是那些提倡者，常因走極端而引起的。新世紀和新潮流的飲食觀，常常以革命者的姿態出現。爲了強調自己提倡的是「準確」的、是最好的，往往否決過去或以往的飲食觀，甚至絕對化了自己的提倡。這當然會造成反彈，甚至造成絕對的對立。

其實哪有絕對的事，現代人吃的東西，能夠離開以前的人吃過的東西嗎？

還有哪一種食物或哪一種飲食的方法，是絕對健康、絕對營養，絕對可以長壽的？人的身體，又不是單一元素的。解決了這個元素，就解決一切問題了。人體是複雜的，因此單一的、絕對的方法是不可能解決所有的問題的。只有通過多方面的方法，或多元化的方式，才能處理好問題，但也未必就絕對可以解決。

傳統的飲食觀若全無可取之處，也不可能流傳那麼久，現代的飲食觀縱有調整，也不可能取代傳統。故兩者之間的平衡，而不走極端的偏差，應該是較理想的方式吧！

當然這也是滿籠統的說法，反正飲食上，不採取極端的方式，用自己的思考去作判斷，從不同的飲食中吸取其長處，讓自己吃得歡喜、吃得開心、吃得營養、吃得健康。

或許正常的飲食方式，定時定量，各種營養都吸取但不過量，而食物的好味、好香、好色，也不必刻意追求或排斥，順著身體自然的需要，歡喜感恩地吃吧！

二〇〇八年十二月十三日·怡保般若岩話頭禪十

正常的飲食

雖然生理上餓了，是需要食物的，但沒有休止地想進食，的確是有問題的。這是兩方面的問題，一是食物有問題，一是人本身有問題。

食物有問題，不在其量，而在其質。東西吃多了，當然會飽的，但飽只是生理上需要的一種滿足感，這種感覺有時候只是表層的。如果只是量的足夠，而其質卻不足，也即是營養不夠的話，身體會得不到眞正的滿足。飽的只是被塡滿了的肚子，但身體卻仍處在飢餓中，因爲營養不夠，能量不足也。

在日常生活中，有一些食物的確是如此的。有量而無質，一般上稱之爲「垃圾食物」。一些速食及零食，常常是量大而質輕，或只是爽口而已。這類的食物吃得再多，身體仍是不會飽的。甚至可能因份量過多，讓身體無法吸收，還要再勞動排洩系統將之排洩，故不但沒有好處，反而更消耗了能量，而需要更多的補充、攝取更多食物了。若這些成分屯積於體內，又排不出來，體型自然會臃腫變形。

若是在發育期間的孩子，需要較大量的食物，那倒不是問題。若不然，一直吃卻總是感到飢餓，就表示有問題。或許說在某個因緣中會如此，例如從事某些活動，需要大量消耗能量，故需要快速地補充。像有一些初學禪修者，在用功精進時，也可能會有此現象。因爲在想進入專精的工夫時，體能會因供應不及而感到飢餓。但適量的補充，一般時日過後，工夫穩定了，身體也調適過來了，那就不需要了。或許漸漸的還要減輕食量，因身體放鬆調和，體內能量的消耗，相對地減少了。

若都沒有特殊的因緣，卻不斷地想進食，表示身體眞的有問題，或心理有問題了。怎麼會如此呢？聽說有厭食症，那也有暴食症了。有時候是心理出了問題，因憂鬱症或其他精神方面的疾病，無從疏導，故從食物上去尋求紓解壓力的方式，那就會暴飲暴食。心理一旦有壓力，就去吃東西，漸漸地成爲了一種習慣，也就是上癮了。常常是戒不掉了，尤其類似這種病，因與精神有關，在形成迴圈時，常會是惡性的，會往負面的方向滾去，難以回頭。

即使正常的人，食用正常的飲食，偶爾也會有加量的情況，例如食物眞的美味，或遇到自己特別喜歡的食物，或生理上有需要時。但若是正常的，這類的情況只是偶爾爲之，當然不是什麼問題。

有些人對特別喜歡的食物，或進入美食境界時，對於食物的美味自然是敏感的。但因爲美味是一種藝術，因此品美食，常常是少量地品嘗，即能獲得心理的滿足與快樂，在生理上也就飽了。所以那些狼吞虎嚥，吃得飽飽胖胖的自稱美食專家或食神者，眞不知道是否有問題，或問題出在哪裡了。

二〇〇八年十二月十四日・怡保般若岩話頭禪十

精神糧食

吃進肚子裡的東西，既然有的有毒、有的是垃圾，那所謂的精神糧食，是不是也全都營養、健康，能成爲眞正的糧食呢？恐怕也不是那麼樂觀看待吧！

常聽人形容說無意義的話是「講一些沒有營養的話」，那也應該有一些沒有營養的「娛樂」、沒有營養的「藝術」、「文化」、「音樂」、「文學」等吧！

看到報章上那麼多明星歌星的新聞，包括了很多的花邊、路邊的新聞，眞讓人懷疑他們能帶什麼營養給他們的迷哥迷姊？當然有時候他們的價值是在電影裡，但若電影也是沒有營養的，那些「粉絲」怎麼辦呢？

尤其現代的網路無孔不入，充滿太多的垃圾，許多沒有營養的「精神糧食」更是毫無忌憚地深入每個使用電腦、網路的家庭和個人。

難怪現代人的精神飢渴症那麼嚴重。有的人不是沒有吸收，而是所吸收的都是垃圾與沒有營養的，當然是塡不飽、無法充實內心的精神。於是一頭栽入，不能自拔於網路和電腦的遊戲中的人，比比皆是。不只是小朋友，大朋友、老朋友都是如此。

當然也不全都如此，也有很多有營養的、健康的精神糧食，在充實著人的精神，讓人活得充實、有意義、有價值。而這就得有正確的引導與選擇，另一方面本身心理的取向，也是重要的。

同樣地，不只是所謂的糧食是問題。本身身心的是否健康，是否嚮往健康，是否想要充實，也是一大關鍵。而此引導與選擇就會有他的功能，並能有正向的學習。

其實老師、家長對孩子心理健康的取食，具有重要的影響力。若有正確的引導，將孩子的心導向正確的方向，心理上就有了防範的作用，對於垃圾及沒營養的食物，就不會、或至少會減輕對它們的興趣，那心理上的健康，才能有繼續培養的條件。

人的精神需要糧食的吸收，因爲精神是活的、有機的，需要成長的。因此營養和健康的糧食，對心智的成長與培育，是很重要的，就如身體的飲食一樣重要，絕不可缺的。

若師長與家長們有見於此，讓孩子從小就吸收健康的糧食，在營養中健康的成長，就不會因誤入歧途而精神強烈飢渴，而至飢不擇食，把垃圾當保健品吃下去了，那就會愈吃愈餓，愈陷愈深。

有營養健康的藝術、文化、音樂、文學，乃至電影等精神糧食，在有心人的推動、創作、經營下，還是可以在市面上及網路上找到的。其實其範圍之廣，也比垃圾要多、要廣，重要的是要有健康的師長與家長及有心人來引導、陪伴、培育。

在營養與沒營養，健康與不健康，良好食物與垃圾食物之間，你做何選擇？又想爲你的家人、朋友做何選擇？

二〇〇八年十二月十四日・怡保般若岩話頭禪十

價值中立

現代思想中，流行所謂「價值中立」的觀念。此觀念進入許多領域，包括科學、文學、藝術等，產生了深遠的影響。

此觀念比起傳統的價值觀，有顯著的不同。因爲傳統的價值觀，有著相對的分別，如善惡、好壞、正邪等，乃至一些宗教或思想，將此相對中，自己肯定的一邊，視爲絕對的眞理，視另一邊爲絕對的邪惡。這也造成了一些鬥爭的出現。

也許現代的人發覺了這種相對而絕對的觀念，除了會引起鬥爭，也有著其缺點。因其框住人的思想空間，讓人不敢走出來，以致於失去了很多創造、創作的靈感，或失去了思想提昇的高度，所以提出了讓此相對的價值觀中立，不建設相對，也就不會從相對中建立絕對而形成框框。

也許這是一個想突破傳統某些框框的觀念，故有其一定的優點。但如果此中立不是建立在此相對的基礎上，而提昇、突破的超越，那可能成了另一個相對於傳統觀念而絕對的觀念，或只為了對抗傳統而提出來的觀念。

如此的話其優點可能也會成其缺點，成為另一個框框。只是從傳統的相對而絕對的框框，走入另一個中立而絕對的框框，同樣是在框框之中。

而且若抽離了傳統相對價值的基礎，中立可能會變成是灰色，或渾濁狀態。從是非分明墜入是非不分，有善有惡變成無善無惡，讓人在生活中失去了道德準則，無所適從。

從佛法的角度看，這是一種「癡」的狀態。如果一個聰明的人處於這種「癡」的狀態，他可能就會因不辨是非黑白，利用自己的聰明去做一些事，而這些事可能會對社會造成很大的破壞，對他人造成很大的傷害。而在他所謂「中立」的觀念中，這並沒有什麼對錯。

因此，價值中立的觀念，必須清楚而明確的建立，方不至於走入危途，或將人帶入思想陷阱中。

這就得先從世間相對的價值，如是非、善惡、好壞、正邪中，先確定這些相對價值的存在，並依此而建設一個有相對價值的世間價值觀。但不從此相對中落入絕對的一邊，保持其相對性，再從相對中看出相對之間的普遍性或共同性，並從中看出此等相對之所以建立的因緣，就得知相對是因時間、空間與文化而有的，故許多相對不是放諸四海皆準、放諸古今皆準、放諸不同文化皆準。

因此得知，此相對必然是相對，故一方面不同時空文化的交際互動就得相互尊重、體諒與包容，才能和平共存、和諧相處。

但在思想上，既然知其爲必然相對，故從此相對中，可以超之而上。在此基礎上建立起超然的中立觀念，突破相對的框框。但這不能只是在思想上建立，必須在修養上、心靈上修證而得。如此方爲出離、出世間，但因此心乃依此相對基礎，修證而出離，故能迴入此世間，並能全然明白而包容。在從事世間的事業、創作、建設時，便能依出世的心，而做入世的事。

這才是眞正的「價值中立」，才是不離框框而出離框框的境界。

諸公以爲然否？

二〇〇八年十二月十五日・怡保般若岩話頭禪十

上智與下愚

中立的價值觀，有上智的超然，也有下愚的無記。若不辨清，不昇反墜，那就麻煩了。

一般人都是屬於中間那種處於相對價值中的。在接收到中立的訊息時，若無法從整體去理解、辨清，在應用時，誤入了錯誤的方向，那不只使自己無法超越或提昇，更可能掉入了陷阱，愈陷愈深，連基本的價值觀也失落了。在心靈上，那可是會掉入飢渴的深淵，而且無法滿足，愈填愈空洞。

在宗教方面，也有不少如此的狀態。一般基本宗教的普及價值中，自有其道德準則，要信徒們認清善惡是非。但這類的宗教卻會講「超越」，或否定這些善惡的道德準則，認為這些是多餘的。他們的修行是高超的，因此不需戒律規矩，隨心所欲，因為一切都是空的，犯戒與不犯戒是一樣的，因為都是空了。

儘管講的是玄而高的道理，卻只是空洞虛無的。在心念上掉入此空洞虛無中，便是處於無記狀態。心中的癡心持重，無法分析、辨認是非善惡，故否定其存在或存在價値，尙以爲自己高人一等。

由於虛無，故在行爲上無有準則，無有指導，就隨著欲望的追逐而行。在行中尙認爲自己已悟到空，故沒有業報、沒有輪迴。或以爲所皈依的老師就能消除一切的業而讓大家解脫，無有正確的因果觀念，卻在講似是而非的因果。故信徒都不需要修行，甚至不行正常的道德行爲，以爲這就是解脫、這就是超越。

殊不知如此的「中立」或「超越」，卻恰恰是往相反的方法墜去，掉入了「虛無」的「無記」中。如果這種行爲是解脫，也許很多畜生也應該解脫了。當然又可以說，畜生也有佛性，也是佛，也解脫了。

如此「泛佛」、「泛神」的說法，是顚倒的因果，將因講成了果。雖然一切眾生有佛性，那是成佛的可能性，但不表示就是佛或成佛了。

如說所有的公民都有權當首相，但不是所有的公民就是首相。只是說有權力，或本性是，那是因位，必須經過正規的途徑去「修」，去具備條件。要等到因緣成熟了，現爲果位時，那才是眞的首相。

而泛佛者、泛神者卻已將所有的公民說成是首相。那當然是違背世間的正常相，而在違背此正常相時，還自以爲是超越了。哪知道這是下墜的，掉入了是非不分，善惡不辨的虛無和無記裡去了。

若行正常道，就是在相對的價值觀的建立中，做爲一切向上提昇的基礎，在行爲上以此爲準則，並漸漸地提昇自己行爲的善與正，同時不斷地內修心靈的境界，提供營養與健康的心靈糧食，而不是垃圾與沒營養的東西。如此心靈才能眞正充實而滿足，不再對外追逐，更因爲此修行的過程而覺悟到眞諦，並達到了超然的解脫，而完成了上智的中立價値觀。

這才是正道。

二〇〇八年十二月十五日・怡保般若岩話頭禪十

第二輯

平常心是道

心經禪修道

菩提道行者，是在醒覺要走菩提道的一刻，在當地起步的。而在起步時，將會發覺到，菩提道的種種行持，其實都應該不是很難行的。但偏偏自己卻發現，要去實踐時，有一種力不從心或無力的感覺。明明是如此去做的，卻常常無法依著如此而去做。

漸漸地就會發覺，其實菩提道之難行，不在其道，不在其行，而在於本身的身心。此時自己當會發覺原來自己的身心是處於一種散漫，乃至雜亂的狀態。心裡充塞著種種的煩惱、妄念。心常常隨著五根去攀附外緣，追逐外境。在長期生死流轉中，累積了許多固執的主見，以及堅固的習氣。這種種散亂的身心狀態，成爲了阻擋自己行菩提道的障礙。

如果自己要能踏上了菩提道，眞正的順暢的行持，就必須得將身心調和，讓身心能放鬆，並安穩住。漸漸地調至置心一處的止境或定境，心的力量在凝聚中漸漸地發揮，並能成辦許多的大事，包括了菩提道的行持與完成。

因此，也就知身心調和的方法，就是修止，或修禪定的法門。於是禪修就是修持菩提道的一條必經之道。當然也可以將之納入於菩提大道之中，不過卻知道禪定不是終極要完成的目標。只是菩提道的進行與完成，禪定占了一個很重要的必經之位置。

於是便會尋求禪修法門，通過古德的傳承與今賢的指導，步上了禪修之道。以期在此方法的修持中，置心於一處，或至少能安住身心，使自己在菩提道的進步，有所推動。

但禪修之道的修行，仍需在整體菩提道的行持中，清楚其重要性、其位次，乃至其非終極目標所在，方能正確的運作而不有偏差之執，走入歧路。

二〇〇六年十二月二十一日怡保

身心俱放鬆

禪修之基本工夫，在於身心的放鬆。一般人的身心都處於緊繃狀態，像身體處處有問題、有阻塞，導致生理上的種種循環系統，不能流暢運行。尤其是氣或體內細分能量的運作，無法通暢全身。因此，一旦靜下來，學習放鬆來調和時，種種痠痛麻痹的徵兆都會浮現。愈是不通，愈是徵兆明顯。

此時，需要回到身體本身來調和，讓自己安坐在一個正確的姿勢，此姿勢是身體整個骨架都置放於最恰當的位置姿勢，即是禪修盤坐的姿勢。姿勢調好了，就練習著放鬆。放鬆就是不用力的意思。平時一般人從來沒有眞正將自己的身體擺在那麼完整而平衡的姿勢的。因此，一旦要將身體擺正時，不用力支撐，就會彎曲不正，而用力時，又容易使身體繃緊。

因此，練習方法時，就是將身體擺正了，放鬆而不用力來保持身體正坐的姿勢，開始也許有些困難，漸漸就會發覺，原來如此的坐姿，眞的可以保持整個身體的平衡。若又處於放鬆狀態，那麼如此姿勢可以讓人輕鬆愉快地坐上數個小時而不累，乃至入於止境或定境者，能入定數日數月不等，而身體的姿勢保持不動。可見此正確而均衡的坐姿，是人類完美骨架架構的完美姿勢。

身體在練習放鬆的同時，也要練習心的放鬆。心常會在身體都止下來時，發覺到許許多多妄念的出現。這些妄念平時沒察覺，因爲心隨五根攀緣逐境去了。現在有返觀之法，故而覺知妄念之多、之雜、之亂，終而明白爲何自己的心是那麼地無力，只因都被這些妄念分散掉了，於是學習放鬆。

其實心的放鬆，就是放下心的妄念。察覺妄念，不討厭、不排斥、不喜歡、不追逐。只是一味的不理、放下，漸漸地妄念飄過去了，妄念沉澱下來了。心就會清朗多了。

二〇〇六年十二月二十一日・怡保

調身七支法

身體的調和，就是調正姿勢，靜止而放鬆中，漸漸地運作而達到調和的效果。

姿勢的調正，有其一定的規矩，就是把握身體骨架的結構，將之安放於最恰當的位置，使身體保持均衡，並能放鬆而耐久長坐。

古德對此有所謂的七支坐法，即結跏趺坐，挺腰含胸，手結定印，雙肩平垂，下巴內收，舌抵上顎，眼簾下垂，若再放鬆臉部則爲面帶微笑。

每支皆有一定規矩方法，先從下盤盤腿，膝蓋向內彎而結跏趺，使膝蓋與臀部形成等腰或等邊三角形，爲下盤三個支點，而使下盤安穩，使上半身能在安穩的下盤支持而穩坐不動。臀部亦當墊高於膝，而將身體重量分散於三個支點，如此臀部方不會承受全身重量而可能壓到坐骨神經。若平坐而沒墊高臀部，則脊椎無法挺直，必壓到尾龍骨，或使尾龍骨因彎曲而受傷。

下盤穩後，脊椎挺直而其他部位放鬆，支支亦有其規法，需在教學中方易說明。因方法之運作乃直接教導而同時練習，方能掌握其規法。但以安放全身於恰當位置，並能放鬆爲原則。

一旦在練習中，漸漸掌握此規法，乃至在細節部分，亦能省察而調正，讓身體處於靜止狀態，且全身皆放鬆。心能覺知全身正安坐於禪坐姿勢，如此則已達到調身工夫。若依此覺知而坐，則心與身皆能放鬆，或心能收攝於覺知身坐的姿勢，放下一切不用其他方法，即爲只管打坐之法。但在如此狀態中，覺察身體自然呼吸之起伏，將心攝於鼻端前面而察覺呼吸，並依之再入於數息和隨息之法，即是觀呼吸之法。此呼吸之觀法，是爲對治散亂心之良方，亦爲入於禪定之妙門。故佛陀常教弟子用之，而幾乎多數禪法亦以此爲入門或基礎之法也！

二○○六年十二月二十一日・怡保

觀呼吸妙門

觀呼吸既為良方妙門，許多禪修皆以之為入門為基礎，乃至亦有依之而入禪定、入深定之法。故其重要性，可見一斑。

但當在應用此法時，為能覺察呼吸、或能數之，一些用方法者會因心太粗、或太急、或太緊而控制呼吸，使呼吸非處於自然狀態。如此用功，不能得力。因呼吸尚未調和也。

呼吸調和，則呼吸自然、微細、均衡，沒有用力，故稱之為息。若身體調正，靜止而放鬆時，發覺呼吸自然起伏，故安心於呼吸進入之門，即鼻端前面，清楚覺知，並安穩了。為能使專注呼吸之心不忘失或散開，故提起覺照之心，即用數目字輕輕安於呼吸之上。一般以呼氣為佳，因呼氣時，身與息皆處於放鬆。若能輕放而數目與呼吸相應，但數目以不過十為佳，反覆數之，持續應用，而心漸漸轉得更細而清。此時專注心與覺照心會會合而統一，並穩穩清清地安於呼吸上。此時數目覺之較粗，而自然脫落。此時心已統一而安於息，安於方法。此即隨息。

繼續保持用心，但不用力。隨息工夫便漸穩而心與息，或心與方法也漸漸地會合而統一。在此過程中，其實心的凝聚作用已漸漸地在運作中而顯現。此時鼻端前面的空間似已成凝聚境，而心也漸漸地沉靜，息更漸漸地輕微而至於若有若無。若心覺息之動而心欲靜，便不再安於息而自然凝聚於此境，而此境其實已不再是外緣之境，而爲心中在凝聚過程中，所凝成的影相之境。心安住之而入於止。

止即置心於一處。此一處可以是心的一境，也可以是心的一念，或在心統一時，轉而覺知全身，而與身統一爲身心統一境。依此止可入深定，亦可依統一境而默照，或處於止或定境的心起觀想或參話頭而發慧。

二〇〇六年十二月二十一日・怡保

修慧斷煩惱

修止修定的學程，說似容易，而其路漫漫兮，常常由專精修行者，也是經過了長遠的工夫，才漸次完成的。

止成就或定成就時，身心輕安、喜悅、充實、光明、妙樂等細微的覺受，遍身滿心，常使禪定者耽住其中，不願出定。因為出定了，又得面對粗糙的身心，由粗糙的五根，受到粗糙的五欲刺激，而引發種種有衝動性，又不穩定，容易變壞的欲樂。

相較禪定中的喜樂，這種五欲的樂，眞是粗糙而難受了。因此修定而有成就，乃至能入於禪定、深定者，常常都會厭離人群、遠離世囂，而進入深林，在水邊林下，過著禪悅為食的逍遙日子。

然而入於此禪定或深定者，乃至因此而引發種種神通異能者，縱使其心充滿喜悅，不再需要五欲之樂，但實際上，仍未眞正斷生死煩惱，未得解脫。

因爲解脫煩惱的力量是智慧，而不是禪定。雖然都是心的作用，但功能不同。禪定是身心止於一境，止於定的狀態。由於此定而身心不再受外境或五欲的干擾，故能內受喜悅妙樂。但心中種種深藏潛伏的煩惱，深細的不安心理，乃未得解脫，需得以智慧，才能清除此煩惱之根。

只是一般智慧，或世智聰辯，並無有此力，深透內心深處，將此煩惱之根斷除，故需得以此禪定爲通道，通入內心此深處，見種種煩惱妄想，並以法的體會，知這一切乃長期累積而成的固執主見與堅固習氣。雖已堅固成個性，難以拔除，但其本性仍是無常無我的。

在依定而做的深入觀察中，見種種煩惱相的無常無我，知其虛妄不實。故由因緣和合而生起之煩惱，亦必會因緣離散而滅去。而滅去後，不再使其有生起之因緣，則煩惱不生，流轉之作用亦熄滅，煩惱滅則苦惱亦脫落矣。

二〇〇六年十二月二十二日・怡保

知行知超越

修定之路遙，喜樂深細需要禪修者盡數十年工夫而證得。雖知尚未斷煩惱，但因住於其中而煩惱微、煩擾小，故常不易捨之，而常安住於定中。當然此中也有一些教派之思想，即認定禪定為究竟，能住於定中，即解脫煩惱。故這類的禪者，多數住在山林中，終其一生而沉浸於禪悅喜樂之中。

依菩提道之修行，禪修乃必經之路。但在經過後，必須懂得在適當的時間，越之超之，不停於此中。縱使此禪悅喜樂充滿身心，知其乃有相之樂，因由身心覺受，且在定中有此受，出定時則無法久存。

而禪者在出定後，若在人群中仍需面對種種問題，即使不在人群而在山林中，亦同樣要面對現實身心的問題。此等問題，也許在定中可避開，而藏於定中暫時躲之，卻非斷之滅之。若見此而知必須眞正斷之滅之方為究竟，則依止而起觀修慧，依慧而滅之乃為究竟之道。於是超之越之，入於菩提道的究竟之道。

也有在修禪定時，即知此必經而必超之理。在修時即已做好種種準備，在定得成就時即轉爲觀。在修行次第上，漸次運作，循序上進。

依定而修觀爲共同之見解，但所依之定爲何等程度之定，卻有不同標準。如以佛本身而言，佛是依於禪定，即色界之初禪至四禪的定中覺悟。但此四禪之上還有四空定。定境更深，而心更細，故非理想之定。四禪之前是欲界定，因心較粗，亦非理想。但也仍有依於深定而開悟者，或依最高之定即非想非非想定而超越並證果者，而依於欲界定開悟者，亦不在少數。

因此可知，四禪之定是爲最理想之修觀之定。但入於深定亦可，而較淺之欲界定，也是可依之定。故有復位與不復位之修行者。然不論如何，雖各個層次之定，皆不妨爲修慧之所依，都視此禪師的喜好，或其見解來詮釋及教導。

但有一原則必須把握，修出世間之智慧、或可斷煩惱之智慧，非依定不可。只看在定的深或淺而已。深可深上最高，而淺者亦必須有欲界定，或未到地定，或達到身心全然統一之境。否則無法攝心一境，修觀則成散心之觀，或思惟無法一心、或定心於所觀之相和理，自然無法達到現觀事與理，而使事與理能相互印證，並通達無礙。如此則智慧無法顯發而起滅煩惱之用，只能是思慧的功能。因此，得知先止而後觀，先定而後慧的次第。知定爲出世間慧之所依，是必經又必超越之過程。在修定時，便有了明確之概念，知其重要性又知其須超越之處。在修定時，便能知行知止知超越。禪修之道便爲坦途，行之不難矣。

二〇〇六年十二月二十二日・怡保

正見引正道

縱使對止與觀、定與慧之完整性修持，已有正確的認知，可以依此止觀法門之坦途而行。但實際上，在修行的過程中，仍有許多的問題、難題，乃至複雜之狀況，需走過、對治，乃至修正調和。

而這一切並不是法門之問題，並不是道上的問題，而是行者本身的身心之問題。蓋因行者見佛聞法知修行之際，常常已不知流浪輪迴多久遠了。累積了固執的常見、我見等不正見，以及堅固的貪瞋癡之習氣或慣性，整個身心所累積的這一切惑、業、苦等流轉之相與用，是繁瑣複雜而散亂的。

聞法起修之際，正是清理之開始。試問如此一個身心狀態，在通往開悟的過程中，怎麼可能如無事般就完成呢？況且這些在身心累積的習氣，會更多的浮現而煩擾惱亂想用功修行的身心，反而會製造種種問題，使身心在修行中，面對本身引發的許多問題，而又得此身心去面對而克服、解決、超越。

因此修禪者，在進入修行的學程時，應有良師明師的指導，教導正確的修行觀念、正道的佛法，以及正確的修行方法。並在不斷練習的修行中，由經驗豐富的老師，在面對種種狀況與問題時，給予正確的指導與疏導。如此在修禪中，方能循序漸進，更重要的是不誤入歧途。

所謂誤入歧途並不一定是入於邪道或魔道，而是誤認一些過程爲修行境界，執著而不能放下，故停滯不前，或走入另一邊的道路，遠離了應走的正道，乖離了應朝的目標。當然也有誤入邪道或魔道之可能，但如果眞正追究，會落入這些歧途，常常也是行者本身的心理障礙，或錯誤的知見所導致的，並沒有眞正的道是所謂邪或魔的。

因此，具足正確的知見，是修行重要而必要的指南。

二〇〇六年十二月二十二日・怡保

修禪心單純

定是置心一處，或一境、或一心不亂。照字面的意義看來，當心止於定時，應該是很單純的，實際上也的確如此。而且愈深的定愈是單純，而至於語言文字都不易形容，因簡單故。

而在定中，單純的心是沒有語言相與文字相的，也就是術語所說沒有尋伺心所法的作用，但心仍是清楚覺知的。如果少了這份清楚覺知，那就不是止或定，而是昏昧、癡心或無記了。

只是心雖清楚覺知而且尚有微細的念在流動著，卻不能用一般的語言文字去描述。但經論中仍有不少對禪定境界的描述，那應該都是在定中深刻體會如此定境的禪師，在出定後，從記憶中去描述的，爲要讓後學者對定境的層次有所了解。

但一些禪者在閱讀這些文字後，卻將文字記在心中。當在學習禪坐時，坐得某個稍爲安定的狀態時，在記憶中的這類文字浮現出來，於是就誤以爲自己已證得這些定境，或有的與同修分享自己心得時，將此似是而非的禪境，依其所記所知說出來，常常也得同修「印證」爲某一定境。如此一來，一個禪修課程中，入於禪定者竟然幾乎是所有的禪眾。

但多數的禪眾就只是心中文字影相中的定境，卻沒有眞正定境中的禪悅喜樂和單純的一心。這些禪眾不知這才是禪定，而不是文字描述的那些。然而這種錯覺誤知卻常發生，所以需要謹愼處理的，以免此種錯誤造成很多的流弊。

古德與禪師的善意，應該得到善解和尊重。因此，修禪者應著重於方法的學習與練習，不去追求什麼境界，因爲工夫用得上用得好的時候，自然水到渠成，禪境自然現前，而非追求能得，或想像中能得的。

二〇〇六年十二月二十三．怡保

由繁趨向簡

修止的方法是簡單的，達到的置心一處之定境時，也是單純的。只是過程中卻常常是複雜繁瑣，而有時高潮迭起。雖然也有自始至終都簡單的行者，但屬於少數。多數行者仍是經過複雜的過程，才達到目的，或有的還走不完這條路。

這一切狀況當然不在方法與目的，而在行者本身身心問題。因爲幾乎所有的行者都是以複雜的身心進入修行的，甚至有的還因爲身心出了問題，才想以禪修來解決。但這類的行者常常無法從禪修得益，因爲身心太粗太亂，連基本的放鬆都無法做到的話，自然無法靜止下來，調和身心。

至於那些在某種程度靜得下來的行者，常常也會發覺一旦進入禪修學程中，原本以爲沒有問題的身心，不知從哪裡湧現了許多的問題。原本以爲不是問題的狀況，卻顯發了問題的徵兆。原本以爲沒有什麼雜念的心，竟然浮出了許許多多自己從來不注意，甚至自己從來沒有經驗過的種種雜念妄想……。

這時一些行者可能就會懷疑，到底是哪裡出了問題，方法不對嗎？方法不適合自己嗎？方法有問題嗎？老師會不會教錯了……，但如果他理解到原來是本身身心問題，安下心來，繼續練習方法，將一切問題都讓它們浮現出來後，才用方法治之，用方法調之。讓這些問題漸漸地過去，漸漸地沉澱，漸漸地疏通，漸漸地解決，那他就步上了修止的正軌。

而當這一切問題靜止下來時，基本上也漸漸地接近目的。這時就會發覺，種種複雜的問題都過去後，身心就進入簡單的狀態，放鬆、安穩、輕安、喜悅等覺受，乃至更深的喜樂等覺受充滿身心，心漸漸地單純而趨於一心、置於一處，單純地定境現前。

二〇〇六年十二月二十三日・怡保

簡單即良方

修止過程中所產生的複雜狀態，當然是來自行者個人身心問題。畢竟很少有人在修道前已做好種種準備，或具備良好的修道條件。除非是過來人，也就是不知多少世之前，已在這條修道路上的行者，才能修行無障礙。

從平時個人對待身心的方式，常常就能知道修行過程中身心複雜的狀況；從修行過程中，身心顯現的種種狀況，也就可以得知個人平時是怎麼對待身心。大多數人在日常生活中，都是繃緊了身心，不論是讀書、工作、家庭、社會乃至其他相關領域，都有造成壓力的因素。而多數時候，我們的身心就是在如此狀態中，累積了很多的疲累以及種種問題，所以身心等於是累積了許多壓力而來修行的，何況這類的累積還不只此生，常常是多生累劫的。

因此，在修行時，有不少是所謂的業報。就是之前、包括今生所造作的種種行為，形成業力後，在修行時浮現出來的果報，包括了許多妄念，也都是意業的浮現。如果繼續追逐造作，當然又形成更多的輪迴。

從這些業與報的造作與出現的過程，個人就可以得見本身在身心的處理上的手法或方式，也就是說，這些業其實都是自己造成的。既然如此，當然也就得由自己承受了。如此明白的話，在修行時，面對種種的身心狀況，即使是複雜的、惱亂的，都得一一接受，並不再去追逐，也就是不去討厭或排斥，不去喜歡和要求。只是守著修行的方法，讓這種種業報在顯現後，沉靜下來，或流動過去。雖然不一定都能解決所有問題，但如此的處理方式，會讓自己漸漸地能夠安定下來，而心在不追逐、不理會的處理手法中，也會漸漸地趨向簡單，而簡單正是修止的方法，與達到目的的必然情況。因此，這種方法是修行良方，能讓行者漸漸地從複雜的過程走向簡單的目的。

二〇〇六年十二月二十三日・怡保

方便非究竟

使用簡單的方法，達到單純的目的，雖然修行過程複雜，卻能以簡單手法處理，這應該是修止法門最理想的方式。

但很多行者卻覺得如此的過程太單調了，必須加上一些複雜的過程，才覺得有興趣。如此則已不是方法或過程的問題，而是行者習氣與成見的問題了。

原來許多行者本身在未修之前，已有固執的成見及堅固的習氣，修行時仍不肯捨棄此成見與習氣，或者在修行中所接觸到的教學，正是隨順此複雜成見與習氣的。因此，在修行時，這就成爲難以調改的習氣了。

類似這樣的方法，當然也是有的。若說是佛在世的時候就已經有的話，也是佛爲了度化這類的眾生而有的方便，或不得已的方法。若執之爲絕對，或最好的法門，乃至可以通往究竟的方法，那就得再做仔細的思考與分析。

當這類行者執著於此等方法時，常會美化或提高其程度。甚至認爲這是佛特別教導這一類有特別善根的眾生而說的。因此執之爲實，卻不知這只是佛的方便法，或後代弟子設計的適應法門。甚至其中還摻雜了很多其他教派的方法與觀念，乃至後來還吸收了一些相當低俗的方法。若不知其源由與其適應性或世俗性，常會產生顛倒看法，執著而不懂得捨棄。在修行時因執著而現種種複雜之相，若更執這些複雜的相爲修定的境界，當然更執之不捨。其結果是愈修離佛道愈遠，愈修愈不在菩提道上。

這就是誤入歧途了。比較嚴重的問題是在於，離了菩提道，入了歧途，定錯的目的，卻尚不知不覺，而繼續執著地走下去。甚至過程中所得到的宗教經驗，都被看成是修行的境界。而更嚴重的是自己誤入了，還引導一大群人也誤入。眞是一盲引眾盲，相牽入火坑。

行者當愼之，並以簡單爲修止的必然途徑爲依據，才能不落入歧途的誤知。

二〇〇六年十二月二十三日怡保

禪修之旁道

學禪而從起步到目的，也許是修菩提道者的修法，因爲知道這是必經之途，雖尙需修觀才能解脫。但總是得修得止的工夫，才算修止的成就。因此，完整的修止法門是重要而需要的。

但一些學禪者，若沒有想得那麼遠，目的沒有確定，那麼常常就是想在禪修方法中，獲得較易見，或快得的好處。因爲所謂禪修法門，雖爲菩提道之必經路，卻仍是共世間法，或與其他教派共通的。因此學習者若沒有菩提知見，也許就只想求得其世間利益而已。至於其他教派的學習，在與他們共通的部分完成了，也許就通往這些教派所認定的目的，或依他們的教理去修了。

多數想獲得世間利益者，應是以調身爲主的方法。這種方法若學而能用得上，身體會較健康。這是一種保健式的方法，不需什麼深理，只需調養色身，或加些運動，或加上靜坐，調調氣，應該就可以做到了。

也有一些想得世間利益者，不是在保健上，而是增加身體的力量，成爲特異功能。如此修者當與氣功的修法有關。而氣功的修法，有的比特異功能更深入的，能眞正地運行全身的氣，並將之發射於外。有的做防身自衛之用，也許有的人會用之在一些不好的行爲上，也有的應用它來表演、醫病，或其他的功用上。

除用之爲非作歹外，這種種世間的利益，應該皆無大礙。但有的卻錯用氣功而將之弄成是宗教修練，搞成組織。但是氣功應歸氣功，宗教應歸宗教。二者混淆了，修練就會形成種種問題。

這類的修禪練功者，皆是在菩提道上應捨的方便。

二〇〇六年十二月二十三日・怡保

心虛不受補

禪修是調身與調心。調身是以身體健康爲基本條件和需求，調心的心理調和卻是較爲複雜的內容，但心理平衡應可視爲禪修基本條件和需求。

因此，有人禪修調心，就是想修得心理平衡。這些人往往是在生活中、工作上承受了壓力，無法疏解疏通，故想通過禪修來疏通而達到平衡。

但有的抱持這種需求來禪修者，卻已是瀕臨精神崩潰狀態或精神衰弱等精神問題較嚴重了，才想來平衡，或以之治療其精神病。若是這類的求學者，應當不可接受，也不可教導方法。否則可能會造成更大的傷害。因爲這類問題者的心理並不具備禪修最基本的條件，也就是心理基本上還能保持平衡，或只需疏通壓力，而基本上心理是健康的。

禪修方法對調心的功能是深入的。但其所應具備的基本心理健康條件，是重要的。因爲調心過程中，會面對不只內心所引生的問題，若這些問題形成強力的衝擊，而修者已無能力應對的話，其將導致更嚴重的問題。

俗語有說：虛不受補。生理上如此，心理上也是如此。因此當心理已至虛的狀態時，就是以調虛的方法來處理。先通過輔導，乃至以藥物治療生理上一些化學作用引發的情緒失衡情況。待情緒穩定，心理亦較爲平衡時，若此人尚有內在的自覺心，覺知本身的問題，並想要進一步調和時，才能進入初步的禪修方法。即使如此，也當以放鬆爲主，而不能過於勉強地用力。否則若逼得太緊，可能又會掉回虛弱狀態去。而這種調法應當十分小心處理。若在密集課程中，得時時注意其狀況，一發覺緊繃，就得馬上放鬆、疏導，使之緩和。

因此，調心的工夫算是一種「心理補品」，在應用時，需知有關條件及原則，如此則禪修調心，方能湊效。

二〇〇六年十二月二十三日・怡保

回轉路方寬

當一個人鑽牛角尖時，當然是愈鑽路愈窄，而至無法鑽時，就卡在那小而不能回轉的「尖」裡頭了。

多數精神有問題者，都如鑽牛角尖而正接近尖端，因此很難回轉。除非他本身發覺問題所在，或相信輔導者或醫生的勸告，自己願意回轉，才能夠漸漸從困境中，因回頭而漸漸走出來。

禪修法門中，也有如此教導的。但需得在動態中，或比較輕鬆的方法中去應用。如果只是用靜態和專精的方法，行者可能會承受不了在靜止下來時，頭腦裡浮現的太多妄想雜念及種種負面的情緒。因在止靜時，這類的心理問題會如潮水一般湧現。當此人心力正脆弱時，當然是無法承受這衝擊般地散亂心的力量，因而可能導致更大問題。

也有一些是平時已有類似問題，但在生活中與動態中有其他的雜事外緣牽絆著，忙來忙去還不會察覺問題的存在。一旦完全放鬆而靜止，潛藏著的問題在沒有其他牽絆下忽然間湧現出來，常使人措手不及，也使人的精神問題從隱而顯，竟然在用方法時浮現出來了。

因此，對於這類的人，須得知其問題，試著以放鬆的方法，讓他在沒有壓力的情況下，漸漸得知本身的問題，以及自己要回頭的意願。如果教導禪修者，有輔導經驗，能善誘學習者回轉，等一切都走向較寬廣的空間時，學習者也較平衡與健康了，再施教以禪修的方法，或許會對他更有幫助。但多數時候會發覺，要將學習者從精神問題，轉回較為正常與平衡狀態，是需要很長的時間的。有的人即使已轉回正常狀態，也不一定能用禪修的方法進入較深的禪修中。

一個人要順利禪修，心理健康是基本的禪修條件。精神問題者，常常正缺的就是這些條件。

二〇〇六年十二月二十四日・怡保

業餘禪修者

對於非專業的禪修者，也就是那些不是全天候或長期住在道場中，並專精修禪的人，也可以說是業餘的或旁聽生。如果他們的日常生活環境，缺少禪修的條件，平時也不常禪修，甚至是在工作上需要時時面對各種壓力，長期處在這種緊張的生活中，在禪修時，可能會將累積的精神壓力發作出來。甚至在一些密集課程中，在將潛伏的問題爆發出來後，精神病徵就發作了。

如果一些業餘禪修者的心理不健康，非先天性形成，就可以透過培養或增長一些條件來符合禪修的需要。但如此培養出來的條件，一般上比較薄弱，縱使入禪堂用功，也只能大致上保持某種放鬆，或安靜的工夫。那些雖已具有某些條件，如心理健康，並已在禪修中者，若沒有保任這些條件，在一些外在環境或其他因素的衝擊中，這些條件也可能會漸漸地薄弱，以至於無法把工夫用得更好，甚至會退轉。

因爲這些條件也是因緣和合的，是無常的，會生也會滅的，如果沒有繼續用功，加深之而達到不退轉的狀況，就會退轉。因此，若已在禪堂用功，並常常有機會禪修，那就得珍惜此善根慧根，繼續培植、增進。如此方能確保禪修因緣的持續，禪修工夫的增長。

其實從學禪者的心態，多少也可以看出其條件的厚薄。有些禪修者一接觸到禪法便投入，有的人則常在有無之間徘徊；有的人更是知而不行，或少少地參與，多多地遠離；當然更多是不聞不問。而那些忽然間身心出了狀況，才想來用禪修治療者，也許以爲禪修是萬靈丹，服上一帖，就藥到病除。那這類問題者，自然是少有可能獲益而能延續禪修的。

因此，已在禪修中，並時時用功，在平常生活中也安排時間修禪者，其善根慧根或許未如專修者深厚，但也有一定的厚度了，要珍惜之。

二〇〇六年十二月二十四日·怡保

在家修禪者

那些無法專業禪修者，在目前時代中，應是占大多數的。從前那些禪修者幾乎都是出家眾，因此能在山林、精舍、叢林或寺院中，專心地修禪。在這些環境中，面對外來干擾或衝擊的情況較少，因此禪修時面對的，幾乎都是個人身心的問題。對治的、調整的，也應以此爲主。

可是現在時代變了，佛教普及民間，禪修法門成爲一種新世紀潮流、心靈健康的良方。因此，在一般社會上，有不少人會知道禪修，也有一些人會參與。尤其現代年輕人學佛風氣盛，接觸佛法與禪修的機會多了，就會去參加，並依之而修。

因此，現代的非專業禪修者比專業的還多。大多數都是在家眾、是社會人士、是年輕人，所以他們面對的問題，除了主要的身心問題外，還加上了更多外在的問題，如家庭的、工作的，以及其他種種人事上的。

這些禪修者，既不是專業，又需面對更多外在問題，所以期望他們如專業者的投入與精進，或是期望具有相同、相近的成績，當然是不可能，畢竟條件的確是相差太多了。不過從另一個角度來看，又不盡然。因爲這些禪修者需面對更多、更廣的問題，也意味著考驗更多，或者這反而會更促使他們認眞和專心的禪修。特別是如果他們發覺禪修的確有益，尤其對心理的平衡與安定更是重要，就會格外用心禪修。當他們禪修過後或結束密集課程，就得很快又投入社會、家庭與工作，在心態上需做很大的轉折，如果禪修的工夫用得上力，在轉折中與適應中，更見其禪修的力量。

如果這些禪修者能把禪修工夫帶回家，帶到工作場所，帶入人際互動關係，時時刻刻讓身心放鬆、調和，安住於禪修狀態裡。那麼他的禪修工夫，應是不淺的，而禪修對他而言，其功效可能比專業禪修者，更大、更有用。

二〇〇六年十二月二十四日・怡保

專業禪修者

專業禪修者，往往是閒居靜處，長期在安靜的環境中用功，也許禪定工夫能用得深入。但在出定後，仍在安靜的環境中，少了工作、家庭、人際問題的干擾，當然也就少了這些考驗。那他的禪修工夫，在禪堂裡，在山林靜處中有用，甚至能入於深定。可是在與人交往中，是否能保持，是否應用得當，眞可說是未知之數。

有些專業禪修者，在得禪定境界後，都不願再離開山林道場，也有準備終老山林中。因爲認爲塵世中的囂擾，對禪修是太大的干擾。五欲的世界充滿了種種的刺激與誘惑。若禪修則得離此而住於山林無人，或至少少人之處，那才能時時保持禪修工夫。

這類專業禪修者其實是需要有人護持的。在一些地區裡，是全民信仰，故而全民護持。此專業禪修者，自然能住於山林道場而不必爲日常生活問題罣礙。但如果只是住於山林，又不與信徒互動，自己用功修行，縱使有了很好的證得或覺悟，終不能傳達給信徒。如此禪修，對社會、對民眾又能產生多大的作用呢？尤其對信徒身心的需要，若不能有具體的傳授，那本身的修爲再高，也只是個人的利益而已。

因此專業禪修者，仍然是需要與人間接觸的。不過卻不像業餘者那麼頻密、或投入。因此比較起來，類似塵世中種種的考驗，就少了很多，也就不能眞正測驗出此禪修工夫是否安穩而至於塵世囂鬧中，依然無恙無事。若有此工夫者，常常不只是禪修工夫深，其實更是智慧與慈悲的作用。

因此，業餘禪修者的禪定工夫不可能太深，但智慧與慈悲的力量，卻需要培養，因爲這才是在現實塵世囂擾中，能保持安定，並在互動中產生作用的力量。

二〇〇六年十二月二十四日・怡保

現代禪修法

由於生活環境的因緣不同關係，在家眾修行，自然無法如出家眾專業。但在實際上，現代的出家眾，有些人也是忙於處理許多事務，不一定都能專精禪修。反而有些在家眾，將生活簡化了，不論是工作與家庭的生活，還有人際關係，也都簡化了。因此，多了些時間禪修，可以利用假期密集禪修。平時則除了一般作息，也盡量地用功修行。某種程度上，也算是相當專業了。

當然出家眾不能專業禪修，與社會環境或結構也有關係。在印度或東南亞地區，對出家眾的供養，幾乎是全民的責任。因此，如果處於此地區的出家眾，要專業修行應非難事。但處於中國的社會，又有很大的不同，所以中國佛教發展出的叢林制度，與印度本土的修行風氣大不相同。中國叢林要自力更生，故叢林有田產園林，這些田地園林皆王公大臣或信徒之供養，出家眾也需自耕自食，故有出坡勞作之作息。除了早晚香外，也需工作，所以需得在勞動耕種中禪修。這即是農禪的修行。但這些出家眾畢竟還是在叢林裡，還可以在禪堂裡用功修行。

現代出家眾需要經營道場，信徒有供養時需要處理，並忙於其他事務，如社會慈善工作等。故眞能專業修行者，反而不多。因此，現代不論出家眾或在家眾，皆有可能是需要成爲業餘禪修者，故需有一些方法能實施於此等修行中，而有其一定的效果，才是理想作法。

依此而言，則中國叢林的禪修方式，似乎正能符合這個時代的需求。禪眾在日常生活作息中，除正規的禪修時間，但非全日的，其他時間，不論在應對家庭、工作、人事、或寺務等方面，仍有方法在用功，或仍保持禪修狀態。若能如此實踐，則依然是相當專業的修行，對出家眾和在家眾的禪行者，都是極大的佳音也。

二〇〇六年十二月二十四日・怡保

農禪與工禪

農業時代有農禪，工業時代也應有工禪吧！

不論農禪或工禪，基本原理應是一致的，那就是把禪修工夫帶回平常生活，融入生活中的一切時、一切處。

當然要初修者如此，是不容易的。要業餘者如此，也相當困難。但原理上是可以做到的，那就依原理而在事相上去運作。

這首先要從觀念上、知見上建立起來，就是在觀念上認同此作法的合理與可能性。知見上則依理的正見去實施。當然心態上，也要確立自己在態度上的意願，去嘗試、去實施，或去學習。

如果以定的目的來修，則是置心一處。若以修止的方法來修，則心要在調和過程中統一而置於一境。在其過程中，心的專注與覺照的作用要先能統一。因此，方法的應用即是在收攝專心之心與提起覺照之心，使兩者漸漸會合而統一。

當兩者統一時，則必安住於方法。方法在應用時使心凝聚，心凝聚而止於一境時，即心統一而可捨去方法。心統一時，清楚覺照身則與身統一，此爲止的境界。

如此修止而能置心一處，在靜態中用功固然可以達此效果。動態中用功，把握此一原則，亦當可修可達此效果。因此實施於動態，或日常生活中之作息作務，通過身體動態時，提起覺照心，收攝專注心，使心統一。因乃依身體動態而心統一，心統一時自然與身也能統一，此則修止成就也。

身心統一的止，是趨入更深的禪定，或起觀想所依的止之基礎。若不論是靜態中或動態中用功而能達此統一之境，則欲入深定，或起觀想，皆因有此基礎，而能有所提昇或深入。因此，在工作中，依動態的方法修，若得此定，自然也一樣可修觀而發慧或開悟。中國禪師，很多就是如此開悟的。

二〇〇六年十二月二十四日・怡保

異界色身調

不論是靜態修禪或動態修禪，都可以達到置心一處的止，此即身心統一的定。此定即是欲界定或未到地定。因此定屬於欲界，故以欲界的色身，即可證得。若要再依之而深入色界的四禪定，那就需要調換欲界色身爲色界色身。

色界色身之色法必比欲界爲細。色界定之心亦比欲界定之心爲深細。故當心欲入色界之初禪時，身亦需轉入色界之色身，或因此欲界色身爲引業之身，無法完全轉變，也必須在此色身內部的細分中轉變。如此則色界初禪以上的心才能安住。

故入於未到地定者，其色身將會產生種種內在的觸。在此觸運作時，內部色法轉細，而入於初禪時，心即能安住於此較細之色法中。

其實在一般禪修過程中，欲界的色身也會起一些轉換過程，將不健康而粗的色身，轉得較健康而細時，方能入於欲界之止，或達到身心統一境。在此統一境之身與心，應有其相應之連通處，才能統一的。其過程亦有較粗的觸，如痛、痠、痹，或氣動擺搖種種之狀態，皆是粗色身調轉於細色身的過程。而從欲界入於色界之色法，則因已較細，故此觸只在體內運作，而不顯現於外。且其必遍全身，而全身因而有輕安、喜悅之感受。

有些禪師入於色界定時，其色身之調轉屬內部細分，故外在並不明顯。但有的禪師若入初禪定以上的深定，色身轉變時，由內而外，則其皮膚必現爲光澤細嫩，被形容如嬰兒之皮膚，或以金色形容其光澤。

生命體的色身，即由色法結構而成。但色法有粗細之別，此與業報有關，或是因修定而有轉換的可能。因色法的基本質地或性能，本質上是一樣的，只是組成的物質體有不同而已，故其轉換的可能性是存在的。

二〇〇六年十二月二十五日・怡保

依定慧解脫

由於入於初禪以上的定較深，色身有轉換的需要，且此定常需處於靜態中，故修得此禪定者，要入此定時，需長時間打坐，而入於此定中，也常需保持才能使禪定不退失，畢竟入於此定者的身心，在業報上仍是欲界的身心。

如果只是在欲界的定，則靜坐中即可安住，動態中亦應可安住。雖此定的身心會比一般人的身心狀態爲細，但畢竟仍是欲界身心，故修定而入於此定者，應可以此欲界之身心，時時保持於此定中，乃至在動態中，亦可保持於此定中。

而此定爲修觀證慧的基本定，或必須具備之定。故若能修得此定，並時時安住於其中，不論在靜態或動態中，皆可依此定而起觀，證得智慧。

是故歷代聖者有依此定而發慧證果者，因其所入之定不深，故尚會有一些習慣性的行爲，沒有消除或改過。所顯的相，稍比入深定爲粗。但若所證皆是出世間的慧，皆是證得解脫之果，從初果至四果，此在教典上，稱之爲慧解脫。而入四禪或四空定得解脫慧者，稱爲心解脫，或（心與慧也即是定與慧）俱解脫。

中國禪宗之禪，已不用定的字眼，故可知其將禪一字，來涵蓋定與慧，以禪做爲定慧雙修的法門。如此修法即不重深定，而只著重於欲界之身心統一之定，而依此定來修觀證慧。

這也即是禪宗叢林能在勞作中修行，在農耕中禪修的善巧。許多禪眾在農耕中用功，在勞作中用功，即是動態禪修的方法。禪眾若以此用功，亦常會在此動作中修得身心統一的工夫，這在禪宗裡有不少禪眾的例子。若於此時再以適當的觀法來修慧，或修至適當的時間時，禪師以方便點撥或接引，常會有開悟之事發生。禪宗公案裡即記錄了一些這類開悟的公案。

二〇〇六年十二月二十五日．怡保

教法趨定型

禪宗鼎盛，禪機活潑，禪師手段高明，經驗豐富，並沒有一定方式來接引或點撥禪眾。全視禪眾當時修行的狀態，或其所顯露的根機，在適當的時機中，以適當的方法使人開悟。因此，開悟者是有的，不契機而未悟者，也還是有的。

這要看禪師和弟子之間的默契達到什麼程度，有時候是禪師求好心切，而弟子未契；有時候則是弟子亟欲印證，而其實未悟。故不相契的公案，也一樣是滿多的。

禪師所用的方法，是無定法的。有時候是肢體的一踢一拳、一揮手一瞬目；有時候是言語上的一喝一喊，或一提示一疑問；有時候日常生活中的動作，如接茶應諾等，皆可能就是禪機，皆可能就是開悟的契機，這全看禪師手段與禪眾相應之機。

但如此禪機活潑，而處處生動的時代，並沒有很長久。漸漸地興盛期過了，雖表相還有盛況，而內部已漸漸地有些萎縮，一些方法就此設計定型。一些高明的禪師，因本身接引弟子的手法，漸漸形成風格，而爲弟子們延續使用，漸漸地就成爲此一宗派的特色。其方法的運作有了一定的型態、風格，自然較易操作，但禪機也會因此而受了一些限制。若此傳承又沒有高明禪師延續，漸漸地定型就眞的固定下來了，成爲一宗的教學方法。

此時所見到的常因此定型的教法，雖讓修行者有跡可尋，可按圖索驥，但也失去活潑之機與生動之法。但禪法的傳承，也因此能在固定的教法中流傳下來。

這其實與佛陀時代的觀機逗教活潑教學，度人無數，而至後期教法定型，在固定的經律論三藏中形成佛教而傳播四方，流傳後世之文化現象，頗爲相似。這應該是文化傳承、宗教傳弘的普遍現象吧！

二〇〇六年十二月二十五日・怡保

參禪看話頭

禪宗出現成型的方法，已是較後期了，以參話頭及默照禪爲兩大教法，並以參話頭爲主。故後代的禪宗叢林的禪堂，大多以參話頭爲普遍。一般所參都是「什麼是無」、「父母未生前的本來面目是誰」、「萬法歸一，一歸何處」等。

後來中國佛教的發展又以淨土念佛更爲普及，禪堂裡也有早晚課誦，念彌陀經、唱彌陀聖號的，也有其他念佛法門的，故有禪淨共修之說法。而一些禪堂爲適應如此根機，也有參「念佛是誰」的話頭。

但如果參話頭變成是只是一味念著話頭，即使是日也念、夜也念，但只得個念，念得再好，也還是只達到一心不亂之境，不是參禪的方法。

參禪用非邏輯或超邏輯的話頭、問題來提問，不斷地在提問時，讓話頭進入內心。但不是找答案，也不是要分析，只是用話頭將一切妄念雜想打掉、趕走，專心一念在參著話頭。而話頭又非邏輯，簡直是無有答案可找，卻偏偏又是個問題。因此，就會漸漸地攝心專念於此疑問，並凝聚成一整團的疑情，使身心在此疑團中，封閉一切的根塵作用，以及所有可能出現的其他念、其他想，而此所生的疑情又與生命直接有關，甚至是直透生命中心的疑情。故所產生的力量，對心來說是極大的。

在一切念、一切心皆無可逃逸，並被包於此大黑漆桶中的行者，當疑團力量大至無可再界限時，就會產生一種心理大爆炸的過程。有一種虛空粉碎、大地平沉的心理狀態，即是開悟，而見空性或佛性。

此法應用時頗爲猛烈，在禪堂時禪師甚至以「毒辣」的手法來逼拶禪眾，俾能參出疑情而入於疑團之黑漆桶中，再以適當的手法，有溫和也有猛烈毒辣之法，再將禪眾引或助其爆開黑漆桶，而獲見性明心的開悟體驗。

較早期也有話頭之法，但有時並不是禪眾參的，而是禪眾入於某種狀態，如置心一處或有生命疑情時，禪師投話頭入而讓禪眾蘊釀疑情或爆開疑團，也有用拳打腳踢的肢體語言來幫助禪眾達到開悟效果的。

故雖知話頭方法在禪宗初期已在應用，卻是稍後期才定型爲一固定的方法。

當代禪師有以四個步驟教導參話頭方法的，念話頭、問話頭、參話頭、看話頭。

在心未止於一境時，應先以念爲主，將心依此念話頭之法而漸漸凝聚、集中。當話頭可念至一心不亂時，便將話頭之疑處提起，並以追問方法去問。問的過程中，由淺入深，而漸漸地轉成參話頭。參話頭時，話頭已現疑情，並漸漸地凝聚爲疑團。若成大疑團而參破話頭，得個入處，便能開悟見性。回到正常生活時，仍是提個話頭，是原本參的，也可以再找另一個，但只是看著，不問不參。其實這是以看的方法，做爲事修而修定爲主，使所開悟的體驗，在此止或定中更爲安穩、深刻，以保任工夫。俾更上提昇，或度生引眾時，能觀機逗教、善巧方便施用。

二〇〇六年十二月二十五日・怡保

復興默照禪

默照禪法據知已失傳，而在日本之傳承以只管打坐的方法應用。當代禪師復古又創新了默照禪法，設計了有系統而可應用的方法，在西方弘揚，頗受歡迎。禪師從默照禪法的資料，以及本身親身的試驗與體驗，終於悟得其用法與心法，從中得其受用，故而將之弘揚。

此禪法亦以觀呼吸下手，先修得心統一境時，心凝聚而覺知作用敏銳，故能覺知全身而與全身統一。此時全身統一於心而與心爲一整體。此時身體的任何一微細覺受，皆了了分明。心的任何一念，亦復如是。但身心只是清楚覺知一切覺受與妄念，卻默然不動，不受擾不動念。

如此保持則身心覺知作用愈加敏銳，故能覺知周遭一切境。在覺知時，境亦漸漸與身心統一，而成內外統一。此外在之境可小可大，視此統一境之深淺。愈深則統一之境愈闊。在統一的整體中，心清楚地覺知一切統一境裡的種種狀況，粗細大小皆入於覺知中，而默然忘言。

默照同時又默照互映，默愈深而照愈清，照愈明而默愈穩。在此默照中，統一的能所作用亦漸漸的統一，而至於心與境已非二。再從此運作中見非二的能所相泯，而覺知一切皆存在，只有我不存在，無我慧現前而悟得空性。

得此悟境而回到正常身心狀態與生活中，身心的運作已因經過此空性的洗滌而空掉了自我中心的執著。故而自在而自然地在現實生活中，隨緣而住，隨緣而行，隨緣度化眾生。一切都在平常心的運作中，默默忘言，昭昭現前。

此禪法之運用與一般傳統禪法有相似處而更深更遠，尤其方法在應用時，著重於放鬆之法，故得禪眾歡迎而參與學習。當更多禪眾依此禪法而得受用，乃至開悟時，此禪法必將發揚光大而傳弘更廣。

二〇〇六年十二月二十六日・怡保

定慧融為禪

中國禪宗的禪法被視爲定學。主要是此禪法所依之理，偏於眞常、偏於唯心。而眞常與唯心的思想，正是由修定、修心的禪師，在禪修中對法有所體驗與體悟，從禪出教時，開展出來的。

而實際上，中國禪應該是偏慧的，或說是定慧雙修。禪首先將定從禪定中取掉，只留禪字。可見禪宗對定是採取不特別重視，或至少沒有傳統定學那麼重視定。因此，在禪宗的修行中，沒有四禪八定等次第禪法。尤其六祖更將定與慧結合在禪中，而有名言：「定慧一體不是二；定是慧體，慧是定用。即慧之時定在慧，即定之時慧在定。」強調禪不在坐中，即是說禪是無時無處不在的。

因此，禪師們幾乎沒有入深定的公案，如果有，也只是少數，甚至不被認爲是重要的。但多數禪師在教導弟子時，都會強調如今人所說的「活在當下」的觀照。不妨說禪所重的定是此身心統一、覺照當下、安住當下的欲界定。

欲界定爲此欲界身心可隨時安住之定，故不論是靜態或動態，皆能保持，而叢林的生活，更是以此定爲方便修行，容易得力的方法，更何況此定也是發慧所能依的定。雖從發慧功能說，此定乃發慧最淺的，也仍是必須具備的定。既然有此定便可證慧證解脫，自無需再入其他深定，因修定也是頗費周章的。

如果定是身心統一、覺照當下、安住當下，依此定而做的觀，觀無常無我，觀空無自性，也即是在覺照當下的同時，直觀當下無常無我，現觀當下空無自性。因身心已統一，而安住當下。故用此觀法，即可直觀現觀當下因緣是空無我。若得見而悟入，當下即證空無我的智慧，破常見我見而得解脫。當然這是傳統觀法，禪師可用之，也可再用其他善巧方便而悟入。

二〇〇六年十二月二十六日・怡保

平常不平常

南嶽懷讓禪師見馬祖道一鎮日打坐，問他打坐何爲時，道一說打坐是爲了成佛。懷讓便在其座前磨磚，並在回答道一詢問磨磚何爲時，說磨磚爲了要做鏡子。道一還未對磨磚怎麼成鏡的猜疑轉過念來時，竟得到磨磚不能成鏡，打坐又何能成佛的如出一轍之回答。

在道一還在猶豫時，懷讓問他牛車停住而想要牛車走，是要打牛還是打車，意即要成佛是要修心還是修身；佛無定相，怎麼能以打坐之相來成佛呢？

當道一再問懷讓什麼是道時，懷讓說出了禪宗的千古名言：「平常心是道！」

此名言點出了禪的精髓，打破了許多禪者的迷思。

禪讓人的感覺是神祕、玄妙的，入山林、住水邊，索隱行怪，不修邊幅……，於是那些自以爲是的禪師們也就以如此形象現身，用這類的方法來惑眾了。

當然也有不少禪眾，從一些管道中得知禪的如此印象，也就隨著而學。很多年前的嬉皮人士，正是以爲自己都是禪師，也許還有的人以爲自己開悟了。

而有的人看到禪師的自在，以爲只要隨心所欲，想做什麼就做什麼，也是一種禪悟，當然也就覺得禪是不必打坐的。上述公案不就說明了嗎?平常心是道，也就是在平日生活中，放任六根去觸境，心想如何便如何，心隨境轉，心隨緣行，那也應該就是禪了吧!

神祕、玄妙的，似乎不對了。隨境轉隨緣行，好像也不對了。看來這平常二字不平常吧!而這平常心應該不是一般的平常心了吧!

其實正因爲有太多的猜測，而不是腳踏實地的學習，使許多人不落於此邊，便偏於彼邊，或想腳踏兩邊看看是不是中間，結果都因爲有偏而有落差了。

二〇〇六年十二月二十六日・怡保

平常心是道

平常事、平常心，一落入言語解說，竟然是如此地不平，如此地繁瑣。難怪許多人都不能體悟平常心是道的平常，反而在繁瑣的名相中尋找眞諦。

但平常仍歸平常。會將平常搞得如此不平常的，又是人心。人心是複雜散亂瑣碎的，那是長期累積下來的成見與習氣，造成了人所謂的平常，就是由此固執成見與原有習氣形成的種種社會現象，以及生活種種的作息行止。

不知這是反常的狀況，也就是離開了本性，離開自然，而依著煩惱爲所欲爲，造成種種怪像，卻因長期集累下來，而見怪不怪，反以之爲正常。

這在經典的說法即是顚倒見。依此顚倒見來看，應是本性本然的正常相，反而不正常了。於是又得去追尋、去找回。但卻常常在此顚倒見中，愈找愈倒，愈追愈遠，竟而迷失了，而不知回頭。

因此，有的禪師提醒人要去參「本來面目」，也就是回歸到本來的眞相，不再迷惑。

禪修就是在用方法試著將修行者帶回到本來的眞相來，但不知者卻執著禪修的方法，並滯於禪修中出現的種種境界，執以爲實，而掉入其中，不知拔出。眞是迷中再迷，頭上安頭了。

因此禪師大喝：「平常心是道。」

把一切的塵垢都抖落，將一切迷惑撥開，使一切無明點亮。那就記得一切的修行，不在其形式與方法，而在於正確使用時，心的塵垢漸漸抖落，心的迷惑漸漸撥開，心的無明漸漸點亮。而一切的手段在一切雜染脫落後，連此手段亦當脫落，落得個空無一物的身心大自在。還回本來面目，那才是禪修的目的。

而這，在「平常心是道」這句名言中已然道盡了。

二〇〇六年十二月二十六日・怡保

第三輯

圓滿的人生

與樂和拔苦

慈是給予快樂，悲是拔除苦惱。

每個人都想得樂，也都想離苦。

因此，生而爲人的我們清楚地知道，自己是想離苦得樂的。那麼，其他人當然也是如此。

既然如此，爲什麼多數的人，又常常會去給予別人苦惱，而拔除別人的快樂呢？

也許有許多人認爲快樂是有限的、有數量的，所以當自己要快樂時，別人就不可以有，以免分散了快樂，自己可享有的快樂就少了。同樣地，苦惱也是有限的、有數量的。當多數人有更多苦惱時，自己的苦惱就減少了。

有如此看法的人們，都將快樂有形化、數量化了，以爲快樂就像物質、金錢一樣，不能分掉，分掉就少了，一定要累積才會多。苦惱也是如此。

然而，事實恰好相反，因爲苦與樂皆是感受。感受的來處與生起，固然與外境是有聯繫的，是身根覺受的，但苦與樂更是心理的，或進入更深的心靈的。心是無形無相，無法用任何度量來衡量的。只是因爲人們習慣了用外境、物質等來刺激心理的感受，因此以爲心的快樂與苦惱，是由外境和物質可以決定的。

於是就追求外境與物質的刺激，當發覺到這些有形相的境是有限量的，就怕少了、怕失去了、怕被別人拿去了。得到了、看到了別人擁有時，爲了自己也要得到，就不擇手段、不顧天理、不依正規占爲己有，而以之爲快樂。

當然，當自己如此做法時，別人也是如此的。快樂就成了可以搶來搶去的東西，苦惱就成了可以丟來丟去的東西。於是每個人都在搶快樂、丟苦惱。

結果是快樂被搶得破碎了，苦惱卻愈丟愈多了。所有的人，只有破碎的快樂，卻累積了一大堆的苦惱。

因此佛說：慈悲，要與樂，要拔苦。

與是給予。快樂其實並不需要他人給予的。但當人們都想從別人那邊搶快樂的時候，佛的對治法就是告訴人們，快樂不是搶來的，快樂是要給予的。

當快樂能給予的時候，就會發覺，愈是懂得給予他人快樂的人，自己就愈快樂了。所以快樂只有在給予時，才會增長，才是完整的。

而苦惱不是推給別人，自己就減少了、沒有了。當人們都想將自己的苦惱推給別人時，苦惱就愈推愈多了。佛的對治法就是告訴人們，當別人有苦惱時，去幫助他拔除，幫助他減輕。

在幫助別人減輕或拔除苦惱時，就會發覺，自己因爲幫助了人，而獲得了快樂，或在拔除別人的苦惱時，也正好拔除了自己的苦惱。苦惱減輕時，原來雙方都一樣會減輕的。

更重要的是快樂與苦惱，都是心理的感受，是無形相的。在苦與樂的覺受中，與心靈的修養其實是有關係的。修養愈好的人，愈少苦惱，愈多快樂。

因此給予他人快樂時，自己的修養會增長，就如幫別人點了燈，自己的燈不只不會減少光明，反而因與別人的燈，互映互照，而更加地光明了。當愈多燈點亮時，就愈光明了。快樂分享給愈多人，就愈快樂了。愈多人快樂，就能讓自己愈快樂，自然地，苦惱就減輕了，乃至拔除了。

拔除苦惱就像驅除黑暗，幫助別人驅除黑暗時，自己的黑暗自然也會減少的。當大家都沒有黑暗時，自己的黑暗自然也就消除了。

這其實是簡單的因果道理，互動關係。深刻體會於此，心就廣闊，自然就慈悲了。

二〇〇六年十二月十七日・怡保

慈悲可實施

有人以爲要慈悲，就要給予、付出、奉獻，乃至犧牲。因此以爲大慈悲就是給予很多、付出很多、奉獻很多、犧牲很多。

想到這種種的給予或犧牲，很多人就不敢慈悲了。怕因爲慈悲，就使自己因付出而失去。失去多了，就會很苦惱，覺得受到損失，乃至犧牲而受傷。

其實讓別人快樂，以及幫助別人減輕苦惱，並不一定是以這種方式，這只是其中的一些方法。

眞正的快樂是內心的、深刻的，苦惱也是內心的。因此快樂的生起與苦惱的滅去，不是物質或有形的東西增加或減少就會引發。人除了基本物質生活的需求外，其餘都是追求的欲望。因此，只要基本需求滿足了，就可以找到快樂，或減少苦惱。

如果繼續苦惱而找不到快樂，那就是追求的問題，不是基本生存的問題了。

如果不懂得控制、節約，或調和的話，追求的欲望是無法滿足的。

當一個人的苦惱源自於這類的追求時，無論是給予多少，乃至犧牲多少，都是無法滿足的，也就是無法減輕苦惱。而快樂如果是建立在這類的追求上，同樣地不論是給予多少，乃至犧牲多少，快樂都是找不到的。

因此，在給予快樂和減輕苦惱中，應該觀察出這是需求或追求。若是需要，滿足後快樂自然生起，苦惱就會減輕。那是不需要給予太多，或做犧牲的。

而那些追求永遠無法滿足者，是不需給予或犧牲的。反而必須警醒，將他的欲望熄滅，才是根本解決之道。那是精神上、心靈上的給予，不是物質上的犧牲。

慈悲仍然是每個人在能力中可以實施的。

二〇〇六年十二月十七日・怡保

慈悲的報復

有人認爲要付出、要奉獻並不難，難在所付出、所奉獻的物件，是自己不可能爲他人付出和奉獻的。

這當然也是一個問題。試想，一個曾傷害過自己、對不起自己的人，還有自己討厭，甚至憎恨的人，怎麼可能對他慈悲、爲他付出或爲他奉獻？

這種想法乃至作法皆無可厚非。畢竟這是很現實、很眞實的情況。而有的人不只不可能慈悲去對待這些人，還會報復、攻擊。也有的人爲了要報復，而用傷害自己的方法，使對方內咎或抱憾終生。

這種報復、攻擊或自虐式的報復方法，對個人來說，其實都是更深地傷害，或重複地在自己的傷口上撒鹽加辣椒。

因爲當我們要傷害和攻擊他人時，在行動未表達出來前，已在自己的心裡直接地傷害自己，直接地攻擊自己了。何況有時候根本只是在心裡如此想，而實際上卻做不到的，這等於重複傷害自己而已。

而那些自虐甚至自殘、自殺式的報復，對對方可能並沒多大作用。搞不好還讓對方因此而鬆了一口氣，從糾纏中解放出來。

既然如此，對自己要慈悲，就不妨對這些人慈悲，不在心裡謀畫傷害攻擊之事而進行自我傷害攻擊，反而在心裡用慈悲心對待，使自己覺得快樂、減少苦惱。因爲他們傷害和對不起自己，並不是自己的錯，根本無需爲他們而苦惱，反而知道自己可以將報復心轉化成慈悲心去對待這些人，使自己心靈的修養提昇，感恩他們製造了逆境，卻幫助了自己成長。

這是這麼好的事，讓自己除了感恩，並能慈悲地對待傷害自己的人們，還有什麼比這更好的報復方式，還有什麼比這讓自己更快樂？

我們如果眞的要報復他人的傷害和對不起之處，應該要讓自己活得更好，要讓對方知道他所造成的傷害和負我之處，其實是他自己最大的損失。因爲我們自己仍然活得快樂，活得更好、更自在，因爲自己有慈悲的心，有付出與奉獻的心。因此，在心靈上，自己永遠都是快樂的，同時也希望對方也快樂，原諒對方的苦惱所造成的傷害，並希望對方的苦惱能夠因而減輕。

當我們如此站在一個更高、更廣的角度，以更寬容的心、慈悲心來看待一切與對待他人，我們的心靈就是處於一個正念、正面情緒的位置。就單這麼一個修養，已經不需再有什麼付出或奉獻，就將慈悲散發於他人，也散發給自己。眞正做到對自己慈悲、對他人慈悲，讓自己多快樂、少苦惱，也讓他人多快樂、少苦惱。

這就是慈悲的應用方法了。

二〇〇六年十二月十七日・般若岩

利人必利己

慈悲是雙向的，也是互動的。

因此以為可以採用損人的方式而利己者，必會同樣地傷到自己的。也許短暫的利己是在損人情況下發生，但其結局必是損己的，而且損失常常是很嚴重，甚至是超過損人的程度而危害到自己。

也有的人為了要利他而損己，但這也只是一個假相。假如一個人眞心誠意地要利他，並捨掉自己的許多利益時，他所損的種種有形相的東西，都會在他眞正捨下時，化為無形的修養，長養了內心的慈悲，提昇了內心的修養。

這麼一來，他根本沒有任何的損失，反而是利己了。

因此，利他必利己，損他必損己。如此則自利也會自然地利他，損己也常常會損他。懂得對他人慈悲者，必也會對自己慈悲。懂得對自己慈悲者，自然也會對他人慈悲。

有的人在一味地爲別人或家人付出、犧牲自己的過程中，常常感到委屈，或無法平衡心理，結果造成了自己受傷。如此狀況者，他所付出的或犧牲的，對於受者是不會有多少利益的，甚至有著負面的作用。因爲他不懂得對自己慈悲，相對地，也就無法對他人慈悲了。

如果在付出和犧牲時，有歡喜心、感恩心，就自然有慈悲心。他的付出和犧牲，自然能饒益對方，也就很自然的，自己的修養昇華而利益了自己。因果的道理是宇宙必然的法則，所以自利必利他，利他也必自利。如此因果才相應。

因此，學習慈悲者是不必擔憂在行慈悲時會有什麼問題，或是讓自己受損、受傷。如有此情況，必是自己的認知或行動上有偏差，只要調正了，眞心誠意地與樂拔苦，慈悲於自己、慈悲予別人，菩提大道就愈來愈寬廣，愈走愈順暢了。

二〇〇六年十二月十八日・怡保

眾生有佛性

人，從出世後，漸漸地成長。一些固執的看法、堅固的習氣，就會漸漸地由隱而顯，或是深潛在身心的那個隱祕點，在有意無意之間就會蹦跳出來，讓人措手不及。

此固執和堅固，常常不是來自周遭的環境，也不是來自父母、父祖，乃至遠古祖先的遺傳，卻潛藏在人的心中，似乎源自此生命在生生世世的流轉中，一期一期地遺傳。也許是從無始以來，也許是不知前世哪一個點的開始。

這種無從考據的固執和堅固，卻常常很眞實地在人的身心顯現出來了，形成此個人的主見和塑造成強烈的個性。在這一期生命流轉中，此主見與個性，在學習上可能會成爲很多的障礙，所學的也與本具的主見與個性相反。但也可能是一種順緣，因爲其所要學的，正是此主見與個性相契的。

因此發覺，有的人學壞易而學好難；有的人很自動地會趨向於善，而逆於惡流。佛法中講的善根與慧根，即是此趨善逆惡的知見與個性。禪宗裡有一些行者，悟根特深，在禪修上，容易得力，甚至開悟見性，也不是難事。此被稱爲利根者。

也許人只看此期生命的表現，不知此無從考據的根性由何而來，所以見到他人容易入道，甚至悟道也在短時間完成，會羨慕或模仿。甚至有想像自己乃此利根者，而想快快加以速成，結果不是「開悟」，而是「開誤」。不只沒修成，還常常爲尋求快速開悟之道，而誤入歧途，離開悟道愈來愈遠。

其實這些深厚善根慧根，乃至敏利的悟性者，亦是從長遠生命之流中，一段一段地修行而漸漸地凝聚而有。若此期生命未見根性，不需急求速成，應以之爲鑒、爲導。在此期生命因緣中，把握修行之因緣，培養自己的善根、慧根、悟性。

要歡喜地知道，自己的此等根性雖非深厚，但至少已具有，因此才會順善而逆惡。相對於那些逆善而順惡者，自己已是幸福得多了。因此，也要感恩自己無始以來，或不知前生哪一期生命開始的修行，開始的培植此等根性。

有時候會發覺那些順惡而逆善者的主見與個性，眞的是堅固無比，難以改變，或根本不想改變，寧願造惡而受苦，也不想修善以改進。

當然這也不是絕對或有自性的，縱使這些人順惡而逆善，但其實也有善與惡之分辨能力，只是因長期累積的固執與堅固不易改變，若有機會，也不會完全放棄，也許也在不斷地改變自己的過程中。

因此，對於這類的眾生，佛仍說他們是有佛性的，也就是覺悟的能力，只是也許在重重惡法惡根的積壓之下，無法顯現，但一有因緣，此佛性仍會從此積壓中透出一絲光亮，照亮此心，而有一種醒覺的作用。

也因爲這樣，佛從不放棄對任何眾生的度化，以種種方便、種種善巧，開導眾生，乃至十惡不赦，或所謂斷善根的闡提，仍然給予點撥或敲醒的機會，俾從內心的佛性燃起希望的火花。當此作用生起，從內心最深處，就開始了醒覺之旅。從重重積壓中掙扎而出，並將重重積壓剖開，一層一層地脫落，終而也能開悟。

這一切的修行皆建立在無常無我無自性的理上。因不論是善或惡，皆非絕對的、永恆的、實體的。故能通過修行來改善、增進，惡者亦能向善，善者更能增進。在如此過程中，漸漸地趨向於完美至善純眞的境界，也即是佛的境界。

這眞是一條完善的菩提大道。

二〇〇六年十二月十九日．怡保

啓發菩提心

生命本身即含有內在的自覺，也即是自我醒覺的本能。佛教稱之爲佛性、佛心、覺性，有些教派稱之爲靈性。

因此，不論哪一種生命，在這期的生命體，是現爲怎麼樣的身心型態，都一樣可能從內心去醒覺，並趨向覺悟之道。

也許我們認爲有善根、有慧根者，乃至有悟性者，趨向醒覺，是比較可能的；那些充滿惡根者，怎麼可能如此呢？所以有的教派會將生命分成不同層次，認爲有的能上昇，而有的則會下墮。這些教派都以不同的信仰層次來衡量生命。

但佛教則認爲一切生命皆平等，不論此期生命現爲何等身心，其內心的佛性是不增不減的。只要有適當的因緣，此佛性的功能即能醒悟而啓開運作。當然，佛教裡也有教派是認爲生命仍有根性之分別，未必人人都成佛，無論如何，成佛依然是每個生命終極的目標，是故運用各種方便和善巧，一定要接引一切生命都趨向菩提之道。

此趨向菩提大道之願心，即是菩提心。菩提即覺，也就是覺悟之心，其實也就是佛心。

發起菩提心而願往菩提道的修持及完成，那是重要的啓開。但這條長遠的大道，仍需時時提起精進的力量，才能持續地走下去。一路上有種種的障礙與逆緣，這都不是所謂外在的考驗，而是生命本身在長期生死流轉中，建立的固執主見與造作的堅固習氣，在生命開啓修行之道時，與之相逆，故而層層顯現。也許生命透見本身的固執與堅固，並應用種種法門，層層面對、層層剖開、層層進入，終而如剖洋蔥或香蕉樹一般，剖至最內層時，發覺一切皆空、無我，於是覺悟空、無我之法則而成佛。

而生命不論在那一個起點，只要一念醒覺，即可開始其菩提之旅。因此，讓我們就在此時此處爲起點吧！

二〇〇六年十二月二十日・怡保

長遠菩提道

有願必成，這常常是一種鼓勵人們上進的一句話，話中讓人有一種篤定的感覺——是一種信心，也是一種力量。

因此，修行的人會發願，發成佛的大願，也即是以成佛爲修行的終極目標。但發了這個菩提願的人，漸漸地會發覺這個願太宏大、太長遠了。自己不只窮盡此生無法完成，盡未來際，也不見何時才能完成。

很多人常常就放棄了或退卻了。尤其是在進行的過程中，發覺要做到所發的願裡面的一些行持，竟是那麼難、那麼不可能時，就再也無法繼續走下去了。

其實這是正常的現象，且不講成佛那麼大的宏願，只是從每個人在新年時，所期盼在這新一年想要做的事，都沒有幾個是做到的。乃至想讀的幾本書，常常都是沒讀完的情況看來，就知道一個願的完成，是要有一種堅持的心力，要有長遠心、恆心、耐心，才能做到的。

但過程中，另一個重要的因素是要有善巧，要有計畫。不是憑一時衝動，就想做好那件事。因此要把目標分成遠程的、中程的與短程的。遠程或終極目標只是擺在前面，做為完美的前景。認知要完成此目標需分幾個階段，分出幾個中程的目標，知道這每個中程階段所可以做到，並可以連貫的目標。再從此中程目標中，分出幾個較短的分段，成為短程目標。而此短程目標，都是可以在能力範圍內，或一定的時間裡做到的。

於是長遠目標產生的壓力與不可及的感覺消失了；短程目標完成後的滿足感，有了成就感，就更有信心，但又不會停滯於此短程中，因尚有中程的目標，有待完成。於是走走看看，看看走走，走走停停，停停走走，常常就一段一段地完成，一段一段地持續。漸漸地愈走就愈順暢，愈走愈懂得如何在走與看、走與停之間，善巧運作，使自己不會走得沒有目標，使自己不會走得太累，又使自己不會停住不動，一旦滿足了、成就了，就忘記了要再繼續走。在過程中，享受著在走與看、走與停之間所產生的種種樂趣、種種美好。

一年要讀十二本書。每個月讀一本，一天讀十頁、二十頁，每天約需一、兩個小時即可完成。因此，一年十二本書，也許不到半年就讀完了，於是又多讀了十本。那種讀書的樂趣，只有在此中的人，才能品嘗、享受了。這只不過是簡單的，每天讀幾頁而已，又有什麼難呢？

菩提道的修行，佛道的完成，又何嘗不是如此？因此經典就把菩提道的完整過程分成了七個階段，共有五十二個階位。前面五個階段各有十個階位，後面兩個階段各有一個階位。如此走走看看、走走停停的修持菩提階位，漸漸地，一個階位一個階位地完成走過，也就愈走愈順暢，愈走愈善巧，愈走愈有趣，愈走愈好走，愈走愈忘我，愈走愈無我。而至第四個階段過後，進入第五階段的第一個階位時，破了我見，達到無我的境界了。於是從此可以完全捨下自我中心的執著，捨下自我的難題與困惑，全心全意為一切生命服務，繼續走向另一個階位、另一個階段。終而發覺，原來佛道的完成，雖然難行而其實可行，中間還充滿了許許多多生活的樂趣、生命的美好。

在發了菩提大願後，並不是張望著何時完成，而是回到當下這個身心的因緣，看看如何以本身所具的條件，邁開第一步，再做出自己可以做到、可以完成的目標。然後朝向更遠的目標走去。而重要的是每個階段的自己，都應該是可以完成這個階段的目標，也必能享受、品嘗過程中的種種樂趣與美好。

二〇〇六年十二月二十日・怡保

信心不退轉

菩提大道雖長遠，卻是分段來進行的。段段有驛站，可供休歇，可供補充資糧，可供前瞻。因此，行此菩提道，雖難行而可行，蓋其有序也。

每個階段有其重心不同，而最初階段要以信心爲重，因修行者的推動力，需源自於心，從心啓程，才能持續，而此心的能入於菩提大道，就在於信念。

有足夠的信心，便能入而不退。幾乎所有修行法門，莫不都以信爲先、爲能入。因此，培養信心便是第一等事，有許多不同的法門，都可以運用。

但建立信心、培植信心，皆離不開一種體驗，所以宗教體驗對宗教情操的建立、宗教信心的培養是重要的。每個宗教都有一些供信徒修行而能感應或體驗宗教境界的方法，這些經驗多數超乎平時感官的經驗，多少或含有神祕氣氛、或信仰氣氛，使信徒能因此體驗或感應，而對此宗教產生信心。

但實際上這類的體驗，幾乎每個宗教皆大同小異，看信徒在信仰何等宗教時，恰好有些體驗，便會對此宗教生起信心，並有奉獻的情操。

菩提大道的修行，不能否認此作用，卻知其爲粗淺的，非深心的。在菩提道的信心培養中，有不同階位，逐步地用功，漸漸地信心會增進。但若沒有實際的體驗，尚不足以達到信心不退轉之境。此體驗乃於法門修習中，見到內心深處含藏的佛性，即是所謂見性的體驗。因眞實的見到了佛性，雖不透徹，但已見到，學佛成佛的信心，必會入於不退轉的階位，即進入第二個階段的修習。

因信心已不退轉，所以在修菩提道時，可以眞正進入了所謂賢位的階段。但仍需經過三個階段的三十個階位，才入於聖位。因此，信心不退轉的階位，可說是十分重要的一個過程，因它奠定了菩提道修習的不退轉。

二〇〇六年十二月二十日・怡保

多聞與思維

一種學問的學習，一般會經過幾個階段，才能漸漸地融入生命，而成爲生命的智慧。

學習之初，必是從所聞與閱讀中去吸收。當在此聞的階段時，不論聞了多少，也不論所聞的有多廣、多深，那都只是一種知識。因爲那都是別人的，自己只不過是通過一些媒介，或管道去聞、去吸收。

有時候這個過程，也只是一些資訊的吸收而已。

若在此過程中，漸漸地發覺這些知識能夠在生活中的一些層面，給予自己一些啓發，讓自己在生活中，漸漸地懂得應用這些知識處理生活中的一些事情，而且發覺是有用的。尤其能夠讓我們在處理這些事情的時候，處理得較妥善，甚至更圓滿。

這是因爲我們已經在聞的時候，通過自己的思維或思考，漸漸地消化吸收這些知識，將知識轉化爲我們的思想與觀念。因此，在生活中，就能夠應用上去，此時這些知識也已成爲我們的知見了。

當然，在運作知見時，能在生活中產生了功能，但也會發覺，在初階段時，是需要經常提起；或常在事情發生過後，才警覺到應該運用這些觀念或知見來處理事情。雖然有時候會遲了些，有時候則力量不夠，但若知道其功能是大的、有用的，繼續更深更廣地去聞、去思、去消化、去吸收、去轉化在生活中，其力量就愈來愈強，而提起的時間也愈來愈快。這樣，在事情發生時，就能夠以此知見，來面對與處理了。

成爲了知見的學問，就是本身在學習中，已能納入自己生活範疇的學問。但在學習的學程上，仍未達到眞正的完成。必須將此知見，完全融入生命。融入了生命，才完成智慧的學程。

二〇〇六年十二月十八日．怡保

知識化智慧

通過聞和思，將學問或他人的智慧，從知識的層面，漸漸地轉化，納入爲自己的知見，而能爲己所用。雖然尚未完成完整的學程，卻是很重要的過程。

畢竟在知見的階段，還需要有心去提起，才能應用。雖然漸漸深入時，已能在有意無意間就提起，但尚未能與生命完全結合，未能完全融入生命，故尚未成爲本身的智慧。

要將知見轉化爲智慧，這個過程正是學程中極爲重要而必須全心投入的。因爲從知見轉入智慧時，是一種質變的過程，當此階段的學程發生時，智慧就不再是外來的知識，也不是需要有心提起的知見，而是質變爲本身的生命智慧，也就是與生命全然融爲一體。整個生命的運行，就是智慧的運行了。

因此，這是一個需要用「修」才能完成的學程。此修不是一般的修，乃至身心必須進入全然統一狀態時，去深入思維，或觀想知見。將所知所見的理，通過直覺，以及對一切事相現前時的當下狀態的觀察，終而現觀了事與理、相與性的不二。完成的事理無礙、相性圓融的證得。

如此修與證，在短文中描述，似乎是簡易的。但在實踐上，卻是需要經過長遠的過程的。尤其需通過禪修的法門，而達到身心統一之境，更是許多學習者漫長的旅途，也是一般學者望而卻步的階段。

然而眞正的學習或修行，其實是必然會成就的。問題在於學者是否願意進入這個學程，並循序漸進、按部就班地學習。想求速成，存僥倖心想躐等，皆成爲此修行的障礙。得少爲足，順境則染著，逆境則停頓，也是難以增進的。

確知完整的學程，確定完成的目標，立下宏大誓願，保持勇猛精進之心，走出第一步。只問耕耘，持續用功，必得最終嘗到甜美的成果。

二〇〇六年十二月十八日・怡保

智慧與慈悲

智慧是心理的功能，所以沒有一個固定或具體的形相，甚至可以說是無相的。

因爲無相，所以智慧是活的，不是僵化的。活的智慧是保持在無常無我的法則中運作，因此是在剎那剎那的當下中覺照當下因緣的事相，並透見當下因緣的理性，同時覺知而不二。

因覺知當下因緣的事相，故了了分明而清楚照見事相，就不會迷惑於事。覺知當下因緣的理性，故能照見此事相的理性，即空性、即無常無我，故不會迷惑於理。

不迷於事，則對事的判斷準確而正確，回應時亦能恰到好處。不迷於理則在事事的過程中，不染著、不執著、不停滯，隨時處理隨時捨下，心不住於任何事中，故不製造輪迴，不攀緣而纏縛。

能時時照見事的準確，時時照見理的空性，自然就不會什麼事都不去做，也不再造業而輪迴。不論是什麼事相，都從此不再受其纏縛而解脫，又不因解脫而無所事事。

生命自然是不再苦惱，而恆持在究竟樂中。在如此境界中，已無有個人本身的任何問題和煩惱，卻因此而能夠完全奉獻此生命，給予他人快樂，拔除他人苦惱。

有智能的慈悲，因智能的深度無邊，而慈悲的廣度也無邊。其實這兩方面的修行，並不是分開運作的。雖然在修行時，某些方法是偏於智慧的，某些方法是重於慈悲的，但如果將此兩方面的修行看成是兩回事，而不能融會，或在學程中要分開處理，那就迷於事和理了。

缺少智慧的照見，慈悲的運行將少了眼目的指引；缺少了慈悲的實施，智慧的照見將少了雙腳的運載，皆無法達到目的地。甚至會在半途迷路，或處在無法行動的狀態。只有兩者並行，互補互利，才是完美的菩提道。

二〇〇六年十二月十八日・怡保

悲智本一體

有一些修行的方法，把智慧與慈悲的雙修，用人體的象徵來說明：男性代表智慧，女性代表慈悲。因此，智慧與慈悲的統一，就是男性與女性的結合。類此說法，看似有理，其實是很有問題的。不論其象徵意義，或實修運作，都是不正確的。

如果智慧與慈悲的統一，等於男女性的結合，那這個結合是不是不會分開的？如果會分開，是不是象徵智慧與慈悲的統一也是要分開的？如果智慧與慈悲統一了就融會而時時同時運作，男女性的結合是不是也可以結合了就融會而時時不分開呢？

因此，這個象徵是不能說明智慧與慈悲統一而融會之後的運作。當然其實修的作法，更是不能說是智慧與慈悲的統一融會了。

其實智慧與慈悲皆是心靈功能，無有具體或固定形相。雖然慈悲的運作常常會以外在的事相爲具體的修行方式，但以智慧的照見，則知其運作也是依於當下的因緣而有的，因此沒有定型於某一型態或方式。而在依慈悲行的有相運作中，才能知其智慧的功能，是否能解縛脫困。否則有相的運作有了染著與攀緣的作用，就掉入輪迴之中了。

而重要的在運行智慧與慈悲時，是一個生命體在覺悟後的修養，並不是兩個生命體合成一個，或男女性結合而成的。雖然此生命體在屆時已不是有定相，或堅固體的我或生命，但因緣和合而現爲此相、此體，故而有一個有相的生命體在行智慧、行慈悲。而其空的智慧已透見了相的不實、無常與無我，不再執著而自在地隨緣運作。於是種種慈悲行也就任運自然地時時推行，並時時放下。

這種種修行，當回到當下因緣具足了這一個生命體：我，從這一起點開始。

二〇〇六年十二月十八日・怡保

修心的重要

做出選擇時，當然是心爲主。選擇後，心能不能安住於所選擇，更是重要的。

不論在何等情況下做出選擇，也不論是什麼選擇，心都能安住，那就沒有什麼問題存在了。

但要有如此深遠而廣闊的心，安住於一切，那就不是一般的人所能做到的。因此，這可以說是修養，也即是經過訓練、修心的心，才能做到的。

所以在多數的文化中，都有教人修心的方法，只是修至何等層次，或何等深廣度，會有不同。

既然心需要經過訓練與修行，方能有更高的修養，來達到完全的安住。那麼，爲了要使自己的生活過得更自在，就得修心。

當然也有一些人已經覺得自己過得快樂了，這往往是自主的選擇力較強，且選擇的正是自己喜歡的。如果這種力量減弱了，或者被逼做出自己不喜歡的選擇時，是否依然快樂如斯？

多數的人就是在面對如此情景時，產生了苦惱。生活過得不快樂，甚至有時候逼得喘不過氣來。

如果心的力量不足，心的深度與容量皆不夠，那這些苦將會持續，或者更趨向惡化了。

如果心已有修養，則有能力去面對，相對地苦就會減少。如果心的深度與容量足以含容一切，當然苦的感受也就不存在了。

而人生在過程中，並不會事事如己所願，反而常常有違願之境出現。因此，修心的工夫如果是有在運作，讓自己的心常常有更大的容量，對自己總是好的。

眞的不要等到問題出現時，才急著找方法。將心修好，不論情況是好是不好，都是自在快樂的。

二〇〇六年十月二十七日・怡保

相相皆空相

緣起緣滅，一切相一切物莫不都是如此。有哪一相哪一物非由因緣而生起，又哪一相哪一物不是因緣而滅去？一切心、一切念也都是如此。

世間所有的法皆是如此生滅，人或其他生命也都是如此生死。在如此的緣起中，能不能如是地見到如此相，能不能如實地回應如此行。

若能，那不就是正常的方法了嗎？若能，那不就是平常心了嗎？

對一切法如是覺知，如實應對，需要再增什麼、減什麼嗎？

而這一切相在如此生滅中，既然皆依緣起而有而現，那麼相本身有生有滅嗎？有來有去嗎？

既然一切相皆因緣生、因緣滅，一切相有差異嗎？若無差異難道又是一樣的嗎？

若能如是覺知一切相緣生緣滅的必然性、本然性、安定性，即知此相即爲不生不滅。故其本性即是空，也即是無有自性，無有永恆，無有實體，無有主宰。一切修道上所謂的垢與淨也就空無自性了，也就沒有污染的此岸與清靜的彼岸。還要來去嗎？

一切本然現前，心只是如此覺知，如實應對，恰到好處。那這一切不就是正常的，以如此的心來運行，不就是平常心了嗎？

六根正常接觸六塵，覺知六塵生滅而見其本性之不生不滅。覺知其無常故見其空，而六根亦隨緣生滅而本性不生不滅。能知心實無實體而見無我，於是放任六根而一切如如運行，隨境轉而無垢可染、隨緣行而無惡可造。於是隨心所欲，任運自然。

日升日落，日日是好日。相來相去，相相皆空相。心生心滅，心心即淨心。

二〇〇六年十二月二十六日・怡保

完美必無相

完美是無相的。

一切相的實相是無相。無相並不是有一相叫無相。無相就是無相，只有證空慧、無我慧者，見一切相時，能見其實而知其無相。無以名喻，只能稱之無相。

只要有相，不論如何顯現或如何設計、如何美化，都不會是完美的。而且更會發覺愈複雜、愈華麗的相，愈讓人以為美的相，常常是不耐看，沒有美感的。因為當人為的加工太多時，人心的複雜散亂，也常常就加入了其中。必須得清理掉人心的種種煩惱，讓一切相保持其簡單純樸，才更能見其美。

人心也是如此。複雜繁瑣亂散的心，是需要以方法來調和美化的。而發覺到心愈接近完美、清靜，就愈是簡單。簡單至一心時，就是定。極簡至無心時，就是慧。心最完美的境界就是此無心的慧了。

而由此完美的心去見到一切相，就是完美的相，也就是諸相的實相：無相。

因此，在修行時，所用的方法必是將心導向簡單的境界。過程中，也許需用一些繁瑣的儀規與方法，那是爲了隨順心的繁瑣狀態用的。當如此方法應用而有某些效果時，就當捨棄而漸漸地轉入或趨向簡單的方法，對治心的繁瑣與複雜，而使心在方法的修行中，漸漸地趨向簡單。

所以，如果在修行方法的學習時，是愈趨向繁瑣複雜，而有種華麗相的時候，就是與菩提道相違背了，也是因爲這類老師的心處於粗糙、繁瑣而複雜狀態，尚未調和放鬆，才會如此引導學生。

而修行者在把握修行的方向與目標，清楚了修行的原則，那就能使自己處於正道中。在修行時，愈趨近於目標，從繁而簡，從而達到極簡的無心無相的完美。

完美必無相，無相方完美。

二〇〇六年十二月二十六日・怡保

少欲知足

常有人說：「少欲知足。」

佛法把外在的五種境：色、聲、香、味、觸，也即是五根或五種感覺器官所觸的境或感覺，稱爲五欲，意指這五種境是生活中不可缺的。同時又很容易就引發內心欲望的作用。

的確，日常生活中，五種器官必然要觸五境，除非其器官壞了，方觸不到其境。而在觸境時，心理的功能就隨之引動，很多時候就隨之而轉，乃至追逐而去。

或許會有人說，欲是追逐的。因此，那個境應是會引動內心的貪愛，才產生欲的作用。若是逆意或生厭的，就不會引動貪愛，引發的反而是瞋心了。

欲的確是偏貪愛的。但恨、厭或瞋的作用，是不會離開貪而有。它往往正是貪的反面而已。雖然此煩惱自成一組，但與貪離不開，乃至與貪是一體的兩面而已。

原來都是我愛的作用，也即是情感上的迷惑，衍生的情緒作用。因此，在運作的表面上雖有別，而其根源爲一，皆爲情緒之作用，在對樂和苦的反應。

故把外境說成五欲，已足以說明情緒上的追逐或反應，因爲即使是瞋心，也一樣地是情緒上的追逐或反應了。只是世人總是著重於貪愛的追逐，以爲那是一種欲的追求，故會引生苦的輪迴，而瞋的追逐，又何嘗不是如此的輪迴？

總之，在情感上或感性上有了迷惑，就會有染愛之心。對外境就會有追逐之情，而追逐就是輪迴的表相，也是苦的重複與迴圈。

只是在現實生活中，五根不可能不觸境，也不可能完全沒有五欲的生活，故不可能無欲，而說爲少欲。但這少欲往往只表現於外在對五境的追求，也就是將外在境的需要減輕。若外境的需要減輕，是來自內心的知足、少欲，內外相應，此少欲知足的生活，自然會因知足而離苦惱，乃至因知足而常樂。

但若只是在外相上少欲，卻沒有在內心中去充實，而使自己知足，那外相的少欲可能就成了一種壓抑。如果是這樣，又無法疏通內在壓抑的欲求，久了會形成更嚴重的問題。這是一些修行的人，所容易犯上的錯誤。

當然學習者可以先從外境的減輕追逐去做，但切勿忘了內心的充實。內心若得充實，自然對外在的欲求，減輕了追逐的念，易以收攝。例如若在精緻文化方面，如藝術、音樂、文學等獲得精神營養的灌溉，自然對粗糙的物欲少了興趣，那就少了去追逐此物欲的染著，心較能安定。

若心靈能更進一步獲得信仰及智慧的滋養，內心總是光明與充實，那對於物欲或五欲的追逐，自然沒了興趣。此時根身乃在五欲中，卻能隨順生理的基本需求，去受用五欲。在心靈上，卻是出離或遠離的，也即是超然其外。這即是離欲的心。

在其中而超然其外。

心若能如此，即離欲，則已解脫。

二〇〇八十二月十一日・怡保般若岩話頭禪十

關鍵在人心

雖說少欲知足，可是如果欲指的是外在的境或指環境，少欲卻未必知足。如果處於一個物資貧脊的地區，現實中就沒有多少物能成爲欲求的物件。那些人自然是少欲了。而其心是否知足，表面上看也有知足的，因知無法追逐什麼，故也安於現狀了。

也有長期已形成的文化或生活方式，如仍處於原始部落時代的一些種族，在他們現實生活中，就沒有如文明世界的種種物欲追求。對他們而言，這些追逐是無謂的，那也可以少欲而知足。

可是很多這些部落的人，在接觸到更廣大的外面世界時，就迷失了，乃至投入外面世界種種物欲的追逐中，無法停息。可見此心非知足，之所以少欲乃環境所造成而已。

而有些人在修行後，也在外表上少欲，就是減少了外境的追逐，讓心回歸樸素，生活也趨於簡單。若能從心去安頓，少欲而知足，知足而少欲，那是可以常樂的。

若只有表面工夫，那仍是有問題的。

故外在的欲求減少或減輕，是一面而已，並不是全面的。否則那些在環境中被逼少欲者，就都是有修養的人了。而動物似乎也是少欲的，至少動物在吃飽了，就不會再去浪費糧食，也不會再追殺獵物。因此，動物界有其生態平衡的規則。但這是動物的少欲嗎？或者是天性使然。人，若也如此，就不會有文化或文明的出現了。

當然人有文化文明也不一定是值得炫耀的。因爲這其中有太多的爭奪、殘酷與不公平的成分在內。但人就是因爲有思考思想的能力，才有了這些文化文明，才成爲有情界中，有能力在心靈上提昇、淨化的一道。

當然這也包含了人性醜惡的成分，而在惡與善、邪與正、染與淨、墮落與提昇之間，人心的功能就發揮得淋漓盡致。

因此人可以爲惡而至於不赦之極惡，人也可以爲善而至於成聖之至善；人可以爲一小利益而殘害其他同類，人也可以爲他人而犧牲自己。這都是其他有情道所做不到的，故人心是上昇與下墮之樞紐。

而在欲的追逐上，也是如此，人可以爲某一欲而做出十分可怕的事，人也可以將自己的生活簡化至基本滿足即可。

這其中都是人心在動，在運行造作。故外在的世界雖有一定的影響，其關鍵仍在人心。

因此，眞正的少欲不是外在物欲的減少而已，必須是內心的充實與知足。從心裡貪愛的根去減輕或滅除，才是根本的。

這就是需要修行的原因。離開了對心的修行，許多表面的工夫，都無法深入根源，而根本安頓的。

二〇〇八年十二月十一日・怡保般若岩話頭禪十

自心作主

即使不是眞正少欲知足的人，也會有某方面的少欲。因爲欲有多種，人的感覺器官在追逐外境時，也有不同方面的欲求。

有的人家財萬貫，可能仍然在吃著青菜、豆腐、番薯葉，加個蛋已是奢侈了，但他可能是住大洋樓，開豪華車的。也有人發達了，仍然守著老妻，不像其他人擁三妻四妾，或縱欲酒色。

這種種的少欲，有的是生活中養成的習慣，也有個性使然，當然有的是有其修養的。若是習慣或個性，可能在其他方面，就會有較多的欲求。有些雖然是有修養，但場合的需要或身分的需求，可能也會在某些方面，有較多的物欲表現，心未必追逐，卻因需要而有。

因此，追求財富的人，未必就沒有修養或知足的心。如果財富的追求或獲得時，自己基本的需求滿足了，身分和環境的需要也滿足了，多出來的財富就用於社會，對其他需要救助的人，施以適當的協助，或成立基金會以行慈善事業，乃至親力親爲。

如此善以應用財富者，若其心不知足，恐怕不易做到。此知足不是消極地不做，而是積極地去做，去得到更多的財富而用於慈善的事業，對自己的需求，卻只保持在基本需要的水平，不因有財富而縱欲。

那種縱欲而欲欲皆縱的人，其實是活在心裡的地獄中的。因爲心裡的欲望太強而無法制止或滿足，只好尋求外在的欲，放縱自己的身心感官去受其刺激，而此刺激在滿足後會痲木。因此必須再加強刺激的程度，故而沒完沒了地縱欲，終而身心過度透支、疲累而崩潰。在未崩潰前，其實身心也已毀壞得差不多了。

那些某方面少欲而其他方面可能放縱者，尚有某方面自製的力量。縱使是習慣或個性，仍有其作用。若能從心理上去多充實，應該還是能調整的。有的人就是因爲發覺內心的空虛，而知道尋找心靈的寄託，或皈依宗教，或從事慈善工作，或爲社會服務，或直探內心世界而去靈修……。

總之，外在的世界，種種的外境，都是可以引動感官作用的，而它們是否會引動內心的欲望，除了這些境本身的作用與表相，所產生的迷惑或引誘的力量，心裡是否充實與滿足，也是人在追逐欲望時的不同條件。

兩邊的制衡，或某方爲主動，都牽動了輪迴的正向或負向。而做爲人，是否應由自己的心來自主這一正向或負向的輪迴，若然，請將心調往正向，莫再往負面的、苦痛的深淵墜去！

二〇〇八年十二月十二日・山城般若岩話頭禪十

心的本質

常常對生命起疑情的人；或常會返觀自己內心的人；或在外境得到某種滿足後，就會懷疑這是不是生命全部的人；或常探索心靈深處的人；或對宗教有著深邃而清淨的信心；或對宇宙眞理想探知的人……都會知道生命絕不是物欲滿足，或不斷追逐物欲就是全部的眞相，甚至知道這是很小的部分，乃至是微不足道的部分。

因此，還是有不少人不駐足於物欲追求與滿足的。因爲知道內心的世界，比起外在看到與觸到的世界，來得更廣大，也更深刻。但未必這些人都能找到眞相，或找到他們想找的答案。

當然眞相或答案也許也可以有多元、多重或多樣的。每個探索者只要找到他想找的，可能就能滿足了。或在追尋的過程中，就可以從物欲中跳出來，因了這些探索的物件，而能知足，故可少欲了。

若是如此，則答案非一、眞相也非一，又何爲眞，何爲非眞呢？在不同文化與宗教中，皆有著不同的「眞理」，來爲信徒提供安心立命之所依。但多數高層次的宗教，會有普世價值觀，提供信徒去依歸並實踐。

這些宗教基本上都會要信徒「少欲知足」。若有所謂的宗教要信徒去縱欲，並追逐物欲的，不是層次較低，就可能是被列爲「邪教」的。

當然不一定所有要信徒少欲知足的教派就沒問題。這要看其是否對人的身心有合理的需求，及對欲望疏解的方法，也就是在正常人身上行得通的方式。若已成肉體的虐待，或殘酷的自虐，那都會造成副作用，或有後遺症的。

基本上，要依宗教的教理而充實內心，使心能知足，故減少物欲的追逐。但又不是消極地厭離或抗拒，而是符合身心的需求，並有疏解的方法，使身心都處於健康而正常中操作。故有能力去奉獻，爲本身的信仰，或其他公益事而服務，發揮生命的力量。

這些其實都會顯示於外，有的其實也是較表層的，或因宗教的教條教規而去實踐。這仍未眞正進入內心的眞相。不同宗教其實有不同層次進入內心眞相的，但到某一層次時，已能讓心充實而知足少欲，故層次較高的宗教基本上都能臻此。

只是能深入到何種層次，除了要看外在的少欲知足程度，還得看此心靈更深的安頓情況，或是否完全的解脫、覺悟。不同層次的宗教也許仍會有不同層次的安頓或解脫，並自認為是最高的，而其信徒也眞能依此而得到此層次的安頓與解脫。但這是不是最高與圓融的層次，還得看此宗教達到其終極眞諦時，對全人類所展現的是和平、平等、慈悲、和諧，還是暴力、壓迫、恐怖與鬥爭？

有些宗教對內是博愛寬恕的，可是對外則是壓迫的或鬥爭的，乃至是暴力的與恐怖的。那就是內心裡尚未究竟地安頓與解脫，故無法發揮更廣而無限地慈悲和平，無爭無求。

而這一切眞善美的品質，原本即是心的本質，心的自然功能。若探索眞相而覺悟於此，自然流露出此自然功能而現為慈悲平等，無爭無求地最極圓滿的境界了。

二〇〇八年十二月十二日・怡保般若岩話頭禪十

心靈生活

其實並不是在現實生活以外或以上，還有個心靈生活，就在現實生活中。因爲身心是一體的，雖然心靈的層次較深，但仍然是與身一起運作的。

身心在現實生活中，心靈是處於什麼狀態：安或不安。安，安至何種層次；不安，不安在淺浮或深沉？

一般上，在生活中，現實身心都處在安與不安之間。通常都只是表面上的安，到底眞正的安要安到什麼程度、什麼樣的情況，或變化出現時，心才不會慌了、亂了、不安了？如果再進一步探入內心，總會發覺心多數是不安的，只是有的人的不安，是很淺的，很快就浮現；而有的人的不安，是在較內層的，較深的。

人對日常生活中每天發生的事，有著一種慣性，所以也就掩飾了心的不安。但當一些變化出現時，心若無法面對應對，不安就現出來了。而對未來，即使是明天或下一刻，因不知其變化或可能性，心裡自然就有了不安。只是因內心裡尚有一些明覺，或理智作用，會安撫此不安，或用此理、此明覺來安定，讓心仍保持穩定狀態，以應對未來。

因爲生活充滿了變數，未來常有不可知的可能性，人在現實生活中，無法得知，故會有不安。若人心沒有信仰，信仰道德、信仰宗教，將更加無法確定未來的好壞變化。尤其是心靈空虛，會爲了個己生存而造作不少惡行者，更常易如驚弓之鳥，一有風吹草動，心的不安就如投石湖中，掀起漣漪，久久不止。

若信仰道德、信仰宗教，有明確的價值觀，生活是依此而行，身心是依此而活，那在未來不可知中，有一價值的皈依，明白自己所行所爲，皆依道德準則而有，外不犯法，不怕法律制裁，內不昧良心，不怕良心責備，生活中不犯錯，不怕惡果來報。如此則心靈自然安的成分多，安的程度深。

但在現實生活中，人有許多犯法或虧心做錯的行爲，即使自己本身不去招惹是非，卻因處在大環境的共業中，而被牽連在內。故自己的一切良好行爲，仍不免遭池魚之殃。因此，在某種程度上，共業造成的不安，仍會在心靈上造成不同程度的不安。但如果對自己止惡行善的道德觀及價值觀的信心堅定，就能夠將不安減輕，讓安的程度更深了。

當然更深的另一個不安，也許就是對生死的不知、無明。而這就直接關連到宗教信仰的層次了。多數人或幾乎所有的人，在面對這個問題時，都免不了有深層的不安，有的更淺浮於外，諱言忌談。

但這畢竟是一個眞實，必須得面對的。有的人寧願讓此不安一直保持，不敢談、不願說，至死方休。但實際上是未休，或在生之時便時時受其擾，臨死之前更是恐懼難安。因此，克服這種不安，是人心靈的一大事，而宗教與哲學思想，就能發揮很大的作用。尤其是宗教對死後的世界有明確的說明，可讓靈魂獲得安息。讓人在面對死亡時，會有信心而袪除不安。

有的宗教及哲學的智慧，更將生命的整體做了詳細而完整的解析，並有實際的運行，讓生命在整個旅程中，能獲得安定的力量。從生死問題的解決，到現實身心問題的解決，連共業形成的不安，也都讓它有一合理的解釋，讓生命或心靈在現實生活中，得到安頓。

如此豐盛的心靈糧食，充實的心靈，讓心靈不再空虛，不再不安，而解脫自在。

二〇〇八年十二月十六日・怡保般若岩話頭禪十

止惡行善

諸惡莫作，眾善奉行，說起來倒也容易，做起來卻覺得難了。或許要去做也不太難，也就是說，還是可以做得到的，或至少可以去做一做的。

因爲這也是一種道德行爲，就是讓人知道在生活中，哪些事不該做的，哪些事應該做的。不該做的，就不去做；該做的就去做，那有什麼難呢！

但在現實中，該做的有時候做不到；不該做的，卻又無法不做。這或許是很多人的心理矛盾吧！在認識上，知道了；但在行動上，卻發覺與自己心想的相反。

也就是說心裡蠢蠢欲動的，就是那會引向不該做的事的欲望；而該做的，在心裡面，卻總是提不起力量來。即使心裡也很清楚這該與不該的正確性，只是心裡不知怎的，總是不想依此而行，而有那種想犯錯的衝動，甚至故意的要去犯錯的欲望。實際上，也常常就去做了。有時做了，得到了內心的一種空洞的滿足感，沒被發現，又在心裡得意了好幾天。但有時候則被更大的空洞占據了，有種對不起的後悔。

小事做了，漸漸地就做大了。很多時候就是如此，而卻愈做愈心虛，空洞感愈來愈強。而至無法承受時，不是崩潰，就是抓狂，甚至瘋狂了。

還好還有不少的限制與約束，讓人不敢或不能越過雷池。總算守得一方稍爲平靜的方土。但看到他人膽敢越過雷池，沒被炸死炸殘，在另一邊得意的享受成果時，又忍不住內心的懊悔或詛咒。

種種內心因空洞而無法安心，卻又隨著空洞的需要塡補而用各種各樣的垃圾食物、沒營養的東西塡入，而後卻愈吃愈餓、愈餓愈吃，以致於無法收拾時，已來不及回頭了。

人之所以如此，是因心靈沒有營養的糧食，若眞明白生命的實相、生命的眞諦，生命的意義就會發揮。心靈充實了，也就不會常因飢渴而飢不擇食了。

人在現實中，本身的身心有其結構與運行。故需從這裡去了解此身心結構，及其運行的實相與道理，知道一切皆隨因緣而生而滅。故要自己快樂、內心充實，就會造作快樂的因緣、充實的因緣。而這正常現爲世間行爲中，屬於正面的、道德的。

故行持良好與道德的行爲，會使身心在感招業報時，趨向於善與正。故自己的種種善行，是讓自己身心快樂與充實的因緣。而這也只有自己去做，自己才會享用的。若反之而行，縱使能得一時之樂，也必然會因惡果終於來到而痛苦。故行善也是爲了自己快樂，那又何樂不爲呢？

在社會上，人與人之間的交際與交流，也需如此地認知。人與人之間就是相對的關係，互動互成。若讓他人傷害的惡行，也會在互動中回到自己身上，業報不爽，逃也逃不過的。故止惡不只是爲不傷害他人，更深地是不自我傷害。能夠不自我傷害，才可不苦，才不會不安，這也是快樂的因緣。

因此，從道理上、眞諦中見此眞相，故爲讓自己快樂，就得諸惡莫作，眾善奉行。因有依眞諦而行，故就不覺得難行，也不會患得患失了。當然內心依眞諦而充實，行爲上就不會陷入飢渴的不安，而有不正的行爲了。

二〇〇八年十二月十六日・山城般若岩話頭禪十

因果法則

因果法則，易學難精，易解難行，易信難深，易修難證。

善有善報，惡有惡報，多數人都知道。若是未報，時辰未到。這也是多數人相信的，也贊同善惡到頭終有報，只爭來早與來遲。

但善惡皆有報，如何從善惡的業而成善惡的報，卻又未必都懂了。時辰未到時，很多人可能就會懷疑，或想知道爲何尚未報，尤其看到惡人當道時。來早與來遲，爲何有早來的果報，又有遲來的果報，這是如何運作的，相信更是很多人的疑問了。

而種瓜得瓜、種豆得豆，也是知道和相信的。但如何從一粒瓜的種子或一顆豆，到成爲一藤的瓜、一藤的豆，卻又似乎表面簡單，但演化時內藏不少深奧的道理。否則就不需有專門研究植物的科學了。

是的，因果法則確實是宇宙本然性、必然性而安定性的眞諦，也即是小至 x

子，大至整個宇宙的運行，皆依此而運行。生物非生物、有情非有情、物質與心理，皆不離此而行。

其理至簡，而其相至繁。只有事相上，自然無法透入其至理。雖然間中亦可理出一些有關的道理。而從其至簡的理去看，又無法看出各事各物，或各色各心的繁瑣運作。

故在學習上，易入手而難達專精之解；在理解上，也不易明白。但要將之付諸於行，又甚不易；在信仰上，容易接受，但當深入其內在的相信而完全接受，卻又十分之不易；當依此而修時，卻是難以證得。

若能學而精、知而行、信而深、修而證，那就是覺悟了宇宙的眞理，就是看透一切的眞相。以至簡的理而印證至繁的相，從至繁的相中見到至簡的理。理與事相互印證，而理事無礙，事理圓融。

如此則全然見證了眞諦，心即能完全而完整地隨順此法則而運行，因此爲本然性的自然法則。心依之而行，則全無礙於此法則，即能從一切因無知無明而形成的罣礙、恐懼、顚倒、不安中超脫，任運自然，解脫自在。

此至簡之理，乃宇宙的運行法則。心若無法透見，自然無知無明於一切事相顯現之理與事。迷惑於此理或事，在行為上無法隨順法則之運行，必會加上本身意志的作為，使簡單的事變得複雜了。心更難見到，於是繼續地加上更多的行為，而導致了迴圈的愈來愈強大，習性愈來愈堅固，乃至凝成堅固的「團」，成為行為上、心性上的習氣，或個性，乃至深層而深細的執著，故更產生了染著的力量。而此輪迴更是貫串了過去、現在與未來三段時間，形成了三世的輪迴，時時刻刻不停地流轉。心在此洪流中，只能隨波逐流，而抽身無力了。

若能回觀自心的輪迴，從妄念中看出輪迴的運行及流轉的強力，學習著如何不再受其煩擾惱亂，學習著放下這些妄念。故先有一正確的知見，即對因果法則的認識與信念，將心先止於一緣，使能置心一處，安定平靜，使定於心念輪迴的洪流中，再依此定心去觀想因果法則的眞實性。依理去證事，依事而見理，相互印證而無礙，即是讓心從輪迴的洪流中抽離而出，不再輪迴而解脫。

從輪迴的洪流中，自然也明白了因果業報的運作及來早來遲的原因，從而深信因果、精學因果、知行因果，而修證因果。

諸君是否從滾滾紅塵中，見到了一道陽光？

二〇〇八年十二月十七日・山城般若岩話頭禪十

圓滿真善美

由於找對了心靈糧食，並因此而充實了，甚至達到解脫覺悟的體驗，對宇宙眞理、人生眞諦，有了體悟，或已經證入了。那內心裡一定會很富裕，就像有了很多的財富一般，可以自由地應用了。

世間的財富相當有限，且得此財富者，若心靈不充實，只是感官物欲的塡補，未必就滿足。那還會不斷地追逐、乃至無休止地去塡此無底之洞。

精神上的財富也有相，但空間較大，享有此財富者，可能可以從物欲中跳出，而滿足於自己的精神充實裡。

其實眞能知足者，便能以這些財富分享於人，或布施予需要的人，並讓更多的人快樂、滿足，使世間更富足而社會更和諧。

若能如此者，往往是心靈充實者，此內在深層的富裕，必然會延伸至外在的充實。縱使外在的財富不多，精神的財富也不多，但必然會因心靈財富的富裕，而努力去做更多的分享，或更多的幫助，就是要使更多的人，因此而活得富裕、快樂、知足。

這可從外在的物質去做，或從精神層面去做。但都不停留於此，要以內心深層的心靈爲主。由於本身已在心靈上很富裕了，故能無限量地分享。因此心靈的財富是無相的，是無限的，也可以無休止地去做。

當然，若已完成心靈修行的目標，解脫自在，其心靈的富裕無相、無限無休。但已在從事心靈修行者，其實在過程中，也漸漸地品嘗到心靈的富裕。此種富裕雖然還有程度上的不同，層次上的深淺，但皆無礙於與人分享了。而且心靈的財富是與人分享得愈多，它就愈富裕的。那些在心靈修行者，會明白於此。一旦有信心，就會歡喜地去分享了。

在分享的過程中，漸漸地無私無我的體悟就更深，更能明白因果的法則，更能體會慈悲的精神。因爲必會發覺一切眾生，一切存在，莫不息息相關，互存互動，相依相成。因此，眾生的快樂，就是自己的快樂，自己的快樂也是眾生的快樂；只有讓更多眾生快樂，自己的快樂才能更深、更廣。在此過程中，私心小我，都會成爲障礙，只有不斷地減輕，心靈的財富才會不斷地增長。

在互存互動，相依相成的因果關係中，自己的所行所爲，都在此網路中產生作用。故必然地要將心靈的財富、精神的財富、物質的財富，都投入其中。使此網路中的每一份子，都享受得到，都能因此而快樂，而在此中，自己既然也是網路中的一員，自然地也享受到而快樂了。

能如此深心地體悟因果法則，又哪會做出一絲一毫對眾生不利的行爲或心念。故其心靈之富裕自然遍滿虛空，圓滿法界；其心靈之美，也自然是完美；心靈之善自然是至善；心靈之眞即是純眞。

世間有如此純眞至善完美之人嗎？若你不見，表示即非你，若你見到了，那你就是了！

二〇〇八年十二月十七日・山城般若岩話頭禪十

國家圖書館出版品預行編目資料

日日好日 ／ 釋繼程著. -- 初版. -- 臺北市：法
　鼓文化, 2011. 01
　　面 ；　公分

　ISBN 978-957-598-544-8（平裝）

224.517　　　　　　　　　　　　99024376

琉璃文學 17

日日好日

著　　者／釋繼程
出 版 者／法鼓文化事業股份有限公司
編輯總監／釋果賢
主　　編／陳重光
責任編輯／李金瑛
封面設計／化外設計有限公司
內頁美編／連紫吟、曹任華
地　　址／台北市北投區公館路186號5樓
電　　話／(02)2893-4646　傳真／(02)2896-0731
網　　址／http://www.ddc.com.tw
E-mail／market@ddc.com.tw
讀者服務／(02)2896-1600
初版一刷／2011年1月
初版二刷／2011年8月
建議售價／220元
郵撥帳號／50013371
戶　　名／財團法人法鼓山文教基金會─法鼓文化
北美經銷處／紐約東初禪寺
Chan Meditation Center (New York, USA)
Tel／(718)592-6593　Fax／(718)592-0717

法鼓文化